广东省社科重大项目资金资助：016WZDXM010

中央高校基本科研业务费专项资金资助：暨南跨越计划 15JNKY006

海外华文教育系列教材

总主编　贾益民

华文教育心理学

HUAWEN JIAOYU XINLIXUE

张金桥　主编

暨南大学出版社
JINAN UNIVERSITY PRESS

中国·广州

《华文教育心理学》编委会

总 主 编　贾益民
本册主编　张金桥
本册编者　陈冬桂　陈　蕾　付先绪　曾　希
　　　　　　李常悦　陈彩霞　魏玉竹

总　序

　　改革开放以来的 30 多年，是中华民族走向复兴的历史时期，也是汉语大步走向国际、海外华文教育复兴的历史机遇期。曾几何时，在东南亚某些国家，华文书籍与毒品、枪支一起被列入海关查禁的范围，华人传承本民族的语言和文化，要冒巨大的生命危险。直到 20 世纪 80 年代末 90 年代初，随着中国经济的发展，经贸往来带动了语言的需求，汉语的国际交往价值才显著提升。中国和平崛起的事实以及和谐外交、睦邻外交政策，使得汉语更为快速和稳健地在东南亚乃至全球传播。东南亚国家与中国的经济往来密切，地缘政治和文化上的关系紧密相连。东南亚又是华侨华人最为集中的区域，落地生根的华人一方面积极地融入居住国的主流文化、投身所在国的经济文化建设，一方面也对保留和传承自身的民族性十分重视，他们对华文教育的复兴和发展充满了期待，也投入了巨大的热情。从某种程度上来说，30 多年来东南亚华文教育的复兴，在汉语的国际传播中是最为引人注目的。

　　海外华文教育的需求，极大地鼓舞了中国对外汉语教学院校、机构和专业人士的工作热情。仅在印度尼西亚，从 20 世纪 90 年代末暨南大学华文教育专家首度应邀进行大范围的师资培训以来，到如今全国已有众多高校为印度尼西亚的汉语教学提供了多方面的支持，印度尼西亚的华文教育呈现出良好的发展势头。国际形势的不断发展，也对中国高校协助、支持有需要的国家开展华文教育和汉语教学提出了新要求，其中师资和教材的本土化是最为突出的问题。就师资而论，我们认为，要解决有关国家普遍存在的汉语师资紧缺问题，实现华文教育和汉语教学的可持续发展，本土化师资的培养是关键。海外华文教育和汉语国际教育对师资的需求是多方面的，在印度尼西亚和其他一些东南亚国家，华文教育被禁锢几十年之后的复苏时期，短期师资培训是解决师资燃眉之急最有效的方法。从长远看，开展各种学位层次的学历教育，则是师资培养专业化、规范化的必由之路。海外一部分有志于华文教育工作的华裔子弟，有条件到中国留学并接受全日制学历教育，而更多无法离开工作岗位的在职教师也迫切希望接受正规的华文教学、汉语国际教育的学历教育，希望中国高校能送教上门。正是在这样的背景下，我们提出了多层次、多类型培养海外华文教师的思路，并采取了一系列举措。

　　所谓多层次，就是学历教育与非学历教育并举。其中学历教育包括专科、本科、研究生等不同学历，学士、硕士、博士等不同学位层次的华文教育师资培养；非学历教育主要是时间长短不一的各种师资培训班教学。多类型是指既有科学学位又有专业学位教育，既有全日制又有业余兼读制办学，既有面授教学又有远程网络教学，多种形式结合的组织教学方式，师资培养既"请进来"也"走出去"。为此，暨南大学在2005年向中国教育部申请开设了大学招生目录外新专业——"华文教育"本科专业，并建立了全国首个华文教育系，每年招收一批海外华裔子弟，接受正规的四年本科师范性教育；在研究生教育层次，除了在语言学及应用语言学专业招收科学学位"对外汉语教学与华文教育"硕士研究生之外，又在全国首批招收了"汉语国际推广"方向科学学位硕士，并成为全国首批招收"汉语国际教育"专业学位硕士研究生的高校。在学士和硕士培养的基础上，目前正在筹划目录外自主设立"海外华语研究与华文教学"的二级学科博士生培养学位点。在"走出去"办学方面，除了开设孔子学院，暨南大学先后在新加坡、美国、印度尼西亚设立了研究生培养海外教学点，在印度尼西亚、泰国、菲律宾、德国、英国等国的20多个城市设立了华文教育本科教学点，在澳大利亚、德国、菲律宾等国建立了一批以推广教材教法为目的的海外实验学校。以这些海外教学点、实验学校为依托，暨南大学的海外华文教育工作在21世纪头十年得以在世界许多国家蓬勃开展。同时，我们也欣喜地看到，国内许多高校也纷纷与国外教育机构签署协议，在当地教育机构的协助下就地办学，为海外华文师资的培养提供了实实在在的支持，从而在一定程度上有效地缓解了世界上许多国家，特别是东南亚国家汉语教师不足的燃眉之急，并为海外华文教育的可持续发展打下了一定的基础。

海外办学的开展，对教材建设提出了新要求。由于教学对象、教学环境、学习方式的特殊性，国内全日制办学使用的教材未必完全适合于海外教学点。我们除了组织编写像《中文》这样的学汉语教材、《海外华文师资培训教程》等短期师资培训教材之外，也迫切需要编写一套海外教学点适用的本科、研究生教材。暨南大学的海外教学点本科华文教育、对外汉语专业从2001年在印度尼西亚开始招生，到目前办学已有10年之久。10年前，为了满足教学需要，我们编写了相关专业的教学计划，并组织一批年轻教师编写了其中10多门核心课程和主干课程的讲义。这些讲义经过多年的试用，不断修订和完善，目前已基本达到出版要求，在暨南大学出版社的大力支持下，拟于近期以"海外华文教育系列教材"的形式陆续推出。首批出版的教材涵盖汉语言文字本体知识、华语运用、华语修辞、华语教学、华文教育学、语言心理学、计算机辅助华文教学等几个方面。考虑到海外华人，特别是东南亚华人的习惯，各册讲义原以"汉语"命名的均改称"华语"。

这套"海外华文教育系列教材"的适用对象是海外兼读制华文教育、对外汉语、汉语言文学、汉语言等专业的成人教育系列本科生。教材在内容上力求做到符合海外学习者的需要。海外学习者一方面需要学习汉语言及其教学的基础知识，另一方面需要掌握教育学、心理学、第二语言教学的基础理论和基本原理，更重要的是要能够学以致用。为此，我们要求教材尽可能富有针对性和实用性。具体而言，在以下几个方面特别注意与国内全日制教材有所区别：第一，在教学内容上体现文化的包容性，尽可能避免政治文化、宗教文化、民俗文化等方面的冲突，淡化意识形态色彩。第二，在内容的深浅、难度把握上，在保证知识的完整性、常规性基础上，从海外教学对象的实际需要出发，做到难易适度。第三，强调教学内容的更新和创新。更新表现在及时吸收相关学科常规知识化了的新的研究成果，淘汰国内教材中陈旧过时了的内容，对尚在探索中、学界还未取得共识的内容，尽量不编入教材或者不作为教材传播的主体知识；创新主要表现在针对海外学习者的特殊性，编写一些适合他们需要的内容，以收到释疑解惑的效果。第四，在知识的表述方面，尽可能做到具体易懂。我们特别强调教材多用实例说明抽象的理论问题，多采用案例教学方式，使教学内容具体形象。第五，在教材语言上，尽可能避免晦涩难懂，同时在遵循现代汉语规范的基础上，适当吸收海外华语有生命力的语言成分，使学习者在学习学科专业知识的同时，也能受到标准汉语的熏陶，培养汉语语感。各册教材的编写者，经过多次讲授，在讲义的基础上修订完成这套教材，我们希望无论是教还是学，这套教材都能真正做到实用、合用，能尽可能符合海外华文教育师资培养的实际需要。

本套教材的出版，得到了暨南大学出版社的大力支持，责任编辑更是付出了许多辛勤的劳动，在此特致以由衷谢忱！我们也恳切希望教材的海内外使用者能及时反馈有关信息，多多给予批评指正，以便我们日后修订完善，不断提高。

是为序。

贾益民

2011 年 7 月 28 日

目　录

总　序　（贾益民）/1

第一章　绪　论　/1
　　第一节　华文教育与华文教育心理学　/1
　　第二节　华文教育心理学的研究对象与性质　/3
　　第三节　华文教育心理学的研究内容与意义　/4
　　第四节　华文教育心理学研究的基本原则与方法　/5
　　第五节　华文教育心理学的起源与发展　/8

第二章　华文教学理论　/12
　　第一节　联结派学习理论与华文教育　/12
　　第二节　认知派学习理论与华文教育　/26
　　第三节　其他派别学习理论　/39

第三章　华文学习动机　/49
　　第一节　学习动机的概述　/49
　　第二节　影响华文学习动机的因素　/59
　　第三节　华文学习动机的培养与激发　/61

第四章　华文知识的学习与教学　/70
　　第一节　华文知识与知识学习　/70
　　第二节　华文知识学习的一般心理过程　/72
　　第三节　华文知识教学的心理　/76

第五章　学习策略　/87
　　第一节　学习策略的含义及分类　/87
　　第二节　认知策略与华文教学　/88
　　第三节　元认知策略与华文教学　/105

第四节　社会—情感策略　/109

第六章　学习迁移　/115
第一节　学习迁移的概念及分类　/115
第二节　华文学习中影响学习迁移的因素　/117
第三节　促进华文学习迁移的策略　/119

第七章　华文教师心理　/127
第一节　华文教师的角色与定位　/127
第二节　华文教师的能力与成长　/130
第三节　华文教师的人格特征与心理健康　/134
第四节　华文教师的职业心理　/141
第五节　华文教师的情感与教学　/144

第八章　华文学生的心理健康教育　/149
第一节　华文学生心理健康教育概述　/149
第二节　华文学生心理健康教育的原则与策略　/156
第三节　华文学生心理健康教育的途径与方法　/159
第四节　常见的华文学生心理问题及预防　/161

参考文献　/169

第一章 绪 论

第一节 华文教育与华文教育心理学

广义的华文教育指用中国语言文字为媒介进行中华文化宣传的教育行为，一般包含以下四种情况：①母语环境中的第二语言教育；②非母语环境中的母语教育、非第一语言环境中的第一语言教育；③非母语环境中具华裔语言文化背景的第二语言教育；④双语或多语种之一的汉语教育。① 狭义的华文教育指以母语或第二语言非汉语的海外华人、华侨为主要教学对象开展的中国语言文化教育。② 在东南亚地区和国内称华文教育，而在欧洲、美洲及大洋洲则称中文教育。华文教育具有以下基本特征：第一，华文教育的主要对象是海外华人、华侨（也包括少数非华裔外国人）；第二，华文教育的主要内容是汉语言和中国文化；第三，华文教育既是一种非母语教学或第二语言教学，也是一种外语教学；第四，华文教育要遵循汉语言教学与中国文化教学的特殊规律；第五，华文教育是教育的一个门类。由华文教育的定义和基本特征可知，华文教育是一门跨学科的新兴学科，是以海外华人、华侨学生为主要教育对象的中国语言文化教育，同时兼备汉语言学、文化学、教育学和心理学等学科性质。

为什么华文教育研究离不开心理学基础呢？华文教育是一种教育活动，其核心是一种面向世界各地华人学生的、以汉语为目的语的第二语言教学活动。"教育是根据一定社会的要求和受教育者身心发展的规律，由教育者对受教育者给予有目的、有计划、有系统的影响，以使受教育者发生预期变化的活动。"③ 在这个过程中，教育工作只有符合受教育者的生理、心理发展规律，才可能取得良好的效果。华文教育的研究不仅包括汉语言本体的研究，如语音、词汇、语法等，而且包括对海外华人、华侨学生学习和习得汉语的心理现象与规律的研究。华文教育过程包括师生双方的活动和社会环境影响。学生既是华文教育的客体，又是华文教育的主体，教师的主导作用在于充分发挥客体的主观能动性。在整个华文教育过程中，学生主观能动性的发挥又自始

---

① 唐燕儿. 东南亚华文教育发展的背景条件 [J]. 比较教育研究, 2000（A1）: 40.

② 贾益民. 华文教育学学科建设刍议——再论华文教育学是一门科学 [J]. 暨南学报, 1998（4）: 46.

③ 莫雷. 教育心理学：第 1 版 [M]. 北京：教育科学出版社, 2007: 4.

至终受到各种认知或非认知因素的影响，因此，华文教育如同其他教育活动一样也要研究各种影响学生学习的心理因素，以便更好地帮助学生提高学习积极性。

华文教育心理学是华文教育与教育心理学紧密结合的产物，是专门研究海外华人将汉语作为外语或者第二语言学习过程中所发生的学与教的心理现象及其变化和发展规律的学科，是教育心理学的一个分支。华文教育心理学是基于教育心理学的理论与原则，专门研究汉语，特别是汉语作为外语和第二语言的教学规律与学习规律的应用学科。与普通的教育心理学相比，华文教育心理学还借助语言学、应用语言学，特别是第二语言习得研究等学科领域的成果，着重关注在语言学习过程中学生的心理活动及其发展规律。华文教育心理学是针对华文教育这样一个特定的专业领域而发展起来的教育心理学的分支。华文教育因其教学对象、教学环境、目的语言使用的范围和特点等因素而异，具有自身特殊的教学和学习规律。华文教育心理学主要探讨在华文教育环境下教学和学习过程中涉及心理学方面的诸多问题。华文教育心理学的性质决定了华文教育心理学是一个多学科交叉形成的跨学科的应用科学领域，汲取语言学、文化学、教育学、心理学、社会学、交际理论等众多相关学科的研究成果，着力研究华文教学和学习过程中的心理现象以及学习心理的发展变化，探索在华文教育过程中学习者获得知识和技能的心理规律、智力和个性等心理因素的特点与发展规律，以及华文教育和学生心理发展的相互作用与关系等。

从华文教育心理学的定义来看，华文教育心理学既关注学生"学"的基本心理规律，也关注教师"教"的基本心理规律。华文教育的发展也向教师提出了更高的要求，一个称职的华文教师至少应具备三个条件，即有任教某门学科的专门知识，有了解学生个体发展的心理需求及学习原理等心理学专长，有将学科知识与学生心理特征两者灵活运用于教学的修养。华文教育心理学将教育心理学的一般原理结合到华文教育的特定领域，揭示华文教学过程中的心理活动规律，有助于华文教师掌握科学的教学原理，在特定的教学环境下，根据学生的学习动机和学习策略等个体差异，采取合适、灵活、有效的教学方法，促进华文知识的教学和华文学习迁移，科学对待和解决教学中出现的问题。总的来说，华文教育心理学注重理论联系实际，关注在华文教育实践中的心理学问题，探索积极、高效的教学途径。华文教育心理学还可以应用于帮助教师进行课程设计、改进教学方法、提高学生的学习积极性和发掘学生的学习动机，以及帮助学生应对华文学习过程中所遇到的各种困难和挑战。除此之外，由于教育环境和教育内容等因素的影响，华文教育心理学势必要不断吸纳相关学科的最新研究成果，不断丰富相关领域的前沿知识，包括哲学、语言学、教育学、心理学、社会学等诸方面前沿进展情况，帮助华文教师有效地提高和加深对华文教育过程的理性认识，优化教学环境，提高教学效率，改善教学效果。

第二节　华文教育心理学的研究对象与性质

华文教育是以海外华人、华侨学生为主要教育对象的中国语言文化教育。就其教育对象而言，华文教育的受教育者范围相当广泛，华文教育的对象不仅有侨民，还包括外籍华人、华裔和非华裔的外国人，而且华文教育的内容既包括汉语言教学也包括汉文化教学，因此，华文教育过程中的心理现象和规律具有其自身的特殊性。"从其语言教学的性质来说，华文教育属于语言学范畴，华文教育心理学的研究对象包括语言学习心理理论；从其教育的属性来说，华文教育属于教育范畴，华文教育心理学研究对象包含构成华文教学基础的教学心理理论；从其心理研究的属性来说，华文教育心理学属于心理学范畴，其研究对象包含华文教育实践各种心理现象的特征和规律。"[①] 华文教育是"跨学科"的，是华文教育与教育心理学的结合。简而言之，华文教育心理学的研究对象是华文教育过程中的心理现象与规律，包括受教育者各种心理现象及其变化和发展规律，以及教育者如何通过这些规律对受教育者进行有效的教育。首先，从学习进程与教学过程的相互关系来看，"学"与"教"事实上是对同一过程不同角度的理解，包括学生内部的心理发展进程和教师的教学过程。外因通过内因起作用。要研究教师该怎么教，首先就要理解学生如何学，因此，学习心理和学习理论是华文教育心理学的核心。掌握了学习理论，教师才能在此基础上更好地组织教学内容，有效地实施教育手段以达到预先的目的，提高教育效率。其次，教育过程包括师生双方的活动，学生既是教育的客体又是教育的主体，只有充分发挥学生的主观能动性才能体现教师的主导作用。而学生的主观能动性又受制于各种认知或非认知因素，只有充分了解影响学生学习动机和学习策略等的因素，才能更好地提高学生的学习积极性。最后，华文教育的过程是教育者和受教育者互动的过程，师生双方为了实现教育目标而彼此接触，相互影响，相互制约，引起双方心理活动和行为的改变，因此华文教师心理和华文学生心理及心理健康是华文教育心理学研究的重要方面。

任何一门学科的性质都是与其研究对象密不可分的，研究对象规定学科的体系并决定这门学科的性质特点。华文教育心理学研究的对象是华文教育过程中学生的各种心理现象及其变化规律，并根据这些规律研究如何有效地学与教。通过对华文教育研究对象的界定，可以看出华文教育兼容了语言教学属性、教育科学属性和心理研究属性。就其学科性质而言，华文教育心理学是一门基础研究和应用研究并重的跨学科。华文教育心理学作为教育心理学的分支学科具有较强的理论性，作为指导华文教育实践活动的学科又具有极为鲜明的实践性与应用性。鉴于华文教育的对象、地域、语言

---

① 连榕，等. 华文教育心理学：第 1 版［M］. 北京：教育科学出版社，2010：3.

环境和学习目的等方面的不同，华文教育心理学要研究的问题也就涉及更广泛的领域，而且要考虑到因地域和文化环境而异的华文学习者的个体差异。华文教育心理研究不仅仅是学习心理和教学理论，更是涉及文化、语言、社会、民族甚至政治等复杂内容的大课题。对这些实际问题的研究既有助于应用研究，也有助于发展基础理论。可见，在华文教育心理学中，理论研究与应用研究是紧密相关的，在进行各种应用性研究的过程中不断概括、提炼出华文教育心理学的基本理论，反过来，基础理论又进一步指导和促进应用研究的发展。

第三节　华文教育心理学的研究内容与意义

为了提高华文教育教学的有效性和科学性，适应新形势下世界各地华文教育的发展需求，基于华文教育心理学的对象和性质，联系我国当前华文教育实践的特点和深化教学改革的客观需要，《华文教育心理学》将教育心理学的一般原理结合到华文教育的特定领域，突出了华文学习理论、华文学习过程、华文教师心理和华文学生心理健康等主要内容。

本教材具体内容如下：第一部分是绪论（第一章），包括华文教育心理学的对象、性质、内容、特点、研究方法和发展历史等内容。第二部分是华文教学理论（第二章），阐述了学习的一般概念和国外有关学习的重要理论。其中第一节结合华文课堂教学过程中的实际案例，重点介绍联结派学习理论对华文教育的启示，包括"试误—联结"学习理论对华文教育的启示和经典性条件反射学习理论对华文教育的启示。第二节结合华文课堂教学过程中的实际案例，重点介绍认知派学习理论对华文教育的启示，包括格式塔完形学习理论、托尔曼符号学习理论、布鲁纳发现学习理论、奥苏贝尔同化学习理论和建构主义学习理论对华文教育的启示。第三部分是华文学习的过程（第三、四、五、六章），包括华文学习动机、华文知识的学习与教学、学习策略、学习迁移等方面的心理过程和规律。第三章阐述华文学习动机，第一节对华文学习动机的概念、国外相关动机理论和华文学习动机的类型进行概述；第二节阐述影响华文学习动机的内部和外部因素；第三节阐述华文学习动机对华文学习过程和效果的影响。第四章介绍华文知识的学习和教学规律，第一节介绍华文知识与一般知识学习的基本概念、知识学习的分类和华文知识的分类；第二节介绍华文知识学习的一般心理过程，包括华文知识的理解、强化和应用；第三节介绍华文知识教学的心理规律，包括华文语音教学、汉字教学和词汇教学的心理规律。第五章阐述了学习策略，第一节概述学习策略的含义、分类及发展特点；第二节阐述复述策略、精加工策略和组织策略等认知策略在华文教学中的应用，以及学习策略的教学；第三节阐述元认知策略的含义、构成及其在华文教学中的应用和华文教学中元认知策略的培养；第四节阐述社会—情感策略在华文教学中的应用，包括学习计划与时间、学习环境与资源、社会与家庭支持和自我努力与管理。第六章阐述华文学习的迁移，第一节简述学习迁移的概念，按照学习效果、方向、内在心理机制及结构标准划分学习迁移的类别；第二节介绍华文学习过程中影响学习迁移的主要因素；第三节阐述促进华文学习迁移的策略，包括教学内容与教学程序的编选和针对华文教学迁移的教学技巧。第四部分是华文教师心理和华文学生心理健康教育（第七、八章）。第七章阐述华文教师心理，包括华文教师的角色与定位、能力与成长、人格特征与心理健康、职业心理、情感与教学。第八章阐述华文学生的心理健康教育，包括华文学生心理教育概述、华文学生心理健康教育的原则与策略、华文学生心理健康教育的途径与方法以及常见的华文学生心理问题及预防。

从华文教育心理学的定义及主要内容来看，华文教育心理学一方面研究学生"学"的基本规律，另一方面阐明教师如何有效地"教"，前者侧重于理论探索，后者侧重于实践的应用，因此，开展华文教育心理学研究具有重要的理论和应用意义。华文教育心理学解释了在各种教育或教学情境下，学习者的学习、记忆、迁移、问题解决的过程以及学习者在这些过程中所表现出来的行为特征，这是对教育心理科学基础理论的极大丰富，而华文教育心理学在研究解决教育实践中的心理学问题的过程中，也为心理科学的发展和完善提供了丰富的材料和确切的证据，促进了整个教育心理科学的发展。同时，华文教育心理学也有助于提高教学效率和质量，有助于更新教育观念，帮助教育者提高自我教育的能力。华文教育心理学分析华文教育实践过程中的各种心理现象及学习动机、学习策略和学习迁移等心理规律问题，揭示学生心理发展与教育的依存关系。掌握华文教育心理学原理，有助于教育者和受教育者更新教学观念，将个体发展的心理需求及学习原理等心理学知识运用于教学过程中，解决教学过程中出现的问题，提高教学能力和自学能力。

第四节 华文教育心理学研究的基本原则与方法

一、基本原则

华文教育心理学研究必须按照正确的方法去探求真理，避免仅从感觉、经验和思辨的基础上得来观点，而必须依赖科学的分析和论证方法获得真知。华文教育心理学的研究采用科学的怀疑态度来对待华文教学实践中的学习和教学心理问题。作为一种科学的研究工作，华文教育心理学的研究从设计、材料收集、数据处理到做出结论都必须遵循客观性原则、系统性原则和教育性原则。[①]

第一，客观性原则。客观性原则指研究者对待客观事实要采取实事求是的态度，既不能歪曲事实，也不能主观臆测，尤其是在材料收集和分析上要注意尊重客观事实，从心理现象所依存的客观条件和外部活动表现去揭示规律；从客观事实到研究结论的推论也要建立在逻辑规则上，要注意全面分析，不可任意取舍。比如一种华文教学方法是否有效，不能只依靠专家学者的权威判断，而必须根据特定教学环境和对象进行具体的教学实践，对实践过程中的心理要素进行科学研究从而得出客观的结论。

第二，系统性原则。系统性原则指要从整体上把握，避免孤立片面地看问题，要将研究对象放在整个华文教育系统中，进行多层次、多方位的考察，做好分析与综合相结合，准确地解释研究对象的本质和规律。华文教育心理学是一门应用性很强的"跨学科"。华文教育心理学的研究课题要从教育实践中来，使其理论更好地应用于教育实践，同时，也用华文教育实践来检验理论，华文教育心理学的理论只有在实践应用中才能得到检验、修正和发展。

第三，教育性原则。教育性原则指一切华文教育心理学研究都要符合身心发展规律，具有教育意义。不仅要考虑具体课题的实际教育意义，也要考虑整个研究方案的实施过程对学生应有良好的教育意义，最终使研究结果有助于华文教育质量的提高。华文教育心理学研究的目的是给华文研究者和华文教师提供科学系统的研究方法去了解华文教学中的学习和教学心理特征，以求更加有效地进行华文教学实践，帮助华文学生成功地学习和掌握汉语言与汉文化。

二、研究方法

华文教育心理学研究的具体方法种类繁多，一般适用于教育心理学的研究方法也可以应用于华文教育心理学的研究。按照研究是否对研究变量进行控制或操纵，可将心理学研究分为实验研究和非实验研究。实验研究是指在对变量进行控制的情况下研究华文教育心理现象的变化，从而确立变量之间关系的研究类型。非实验研究是指对变量不加控制而收集被试有关情况的研究，这种方法包括观察法、调查法（又包括访谈法、问卷法等）、测验法、文献法等。需要注意的是，华文教育心理学研究要与华文教育实际情况相符合，多种方法综合使用，取长补短，互相印证。下面介绍几种适合华文教育心理学研究的具体方法。

（一）描写研究法

描写研究法主要包括观察法和调查法（调查法主要包括问卷法、访谈法、教学经验总结法等），是对所研究的问题、现象、行为和态度等进行观察与了解，运用归纳

---

① 莫雷. 教育心理学：第 1 版 ［M］. 北京：教育科学出版社，2007：8.

和总结的方式，从中寻找出带有规律性的或典型的特征。

（1）观察法。观察法是指在教育过程中研究者通过感官或借助于一定的科学仪器，有目的、有计划地考察和描述个体某种心理活动的表现或行为变化，从而收集研究资料的方法。观察是任何科学研究的基础。利用观察法，研究者可以在华文教育过程中获得学生的行为资料，例如，在华文教学过程中，研究者可以通过学生在课堂上的表现来了解学生学习困难之所在，可以通过观察教师提问及学生的回答情况，分析师生的相互作用和模式，并作为辅导学生与调整教学方案的参考。但是观察法只能了解华文教育过程中的行为表现，无法直接了解心理活动，而且观察法主观性相对较强，受制于观察者能力水平和心理素质，因此，观察法一般都结合其他实验方法进行。但是随着科学技术的发展，各种录像、录音、摄影、电子计算机等现代技术手段，都有助于观察法收集到比较客观准确的资料。采用观察法要注意设计周详的研究计划，观察和记录力求准确客观，尽量避免主观偏见，并且对同一类行为要多次重复观察，减少偶然因素的影响。

（2）调查法。调查法是通过各种途径，间接了解被试心理活动的一种研究方法，调查的可能方法与途径多种多样，最常用的调查方法主要有问卷法、访谈法和教育经验总结法等几种。

问卷法。问卷法是采用书面问答的方式，要求被试回答研究者提出的问题，以获得被试心理和行为表现的资料的方法。问卷法简便易行，省时省力，能获得大量研究资料，便于定性和定量分析，但问卷法对被试的华语水平和配合程度有较高要求。问卷题目用语应避免表露研究者期待的答案，问卷材料的选择要严格和客观，务必保证问卷的信度与效度。

访谈法。访谈法是通过与研究对象或与研究对象有关的人进行口头交谈的方式来收集研究资料的方法。访谈法适用范围广，实施方式多种多样，如可由研究者提出与研究课题有关的问题，要求教育工作者、家长、学生本人或其他人口头回答。访谈过程中，访谈者应努力掌握访谈主动权，积极引导被访谈者按预定计划回答问题。有经验的访谈者还可根据一些非言语信息判断对象回答问题的可靠性，或根据对象的知识水平灵活变换提问方式，及时控制谈话方向，这是其他方法难以做到的。但访谈法费时费力，结果的准确性及可靠性很大程度受研究者素质的影响，研究资料也难以量化，因此应多与其他方法结合进行。

教学经验总结法。教学经验总结法是教育心理学一个重要的研究方法，也适用于华文教育心理学研究。教学经验总结法是指教育工作者从心理学的角度对自己或他人的工作经验进行总结。在实际华文教育中，广大华文教师积累了丰富的教学经验，包括具有创新的教学方法和教学材料，他们往往能够围绕真实的教学活动提出一些值得研究的课题。将华文教师的经验和心理学理论结合起来，并在教育实践中推广，常常能产生良好的教学效果，是理论和实践相联系的一种方法。

（二）实验研究法

研究者通过描写研究法获得资料和数据，主要是寻求两种现象、行为或者事物之间是否存在着某种关联以及关联程度如何，但无法直接得出隐藏在表象背后的真正动因。实验研究法是确定华文教育心理研究中因果关系的最可靠的研究手段，通过精心设计和严格控制的实验手段揭示事物、现象和行为之间所存在的因果关系。实验研究法属于实证性研究方法，是一个假设检验的过程。通过变量的有效控制，对实验过程进行调控和对实验结果进行比较，利用统计学的手段对数据进行分析处理，得出结论来检验先前的假设。其中，教育心理实验是华文教育心理学自然实验法中一种非常重要的形式。教育心理实验是华文教师利用课堂进行科学研究的方法。华文教师具有教师和研究者的双重身份，教学第一线的经验是得天独厚的第一手资料，通过不断的实践和研究，教学实践一定可以获得长足的进步。教育心理实验是自然实验法的一种重要形式，这是一种把儿童与青少年心理研究与一定的教育和教学过程结合起来，从而研究他们在一定的教育和教学过程影响下某些心理活动形成、发展和变化规律的一种研究方法。在一般华文教育过程中，会对某些重要影响因素加以控制而对某些重要环节进行观察。这种实验可以在正常的教学情况下设置一定的实验组和控制组，在实验组中改变教学方法而使教材及其他条件不变，然后比较学生学习效果的差异。这种基于日常教学活动的研究，包含了观察法和实验法的优点，而且被试数量大，具有比较可靠的统计结果，研究过程比较自然，研究结果接近真实，易于推广，有较好的外部效度，在华文教育心理研究中有广泛的应用范围。但由于自然状态下混淆变量繁多，交互作用复杂，因此研究者在实验之前必须明确研究的框架和具体步骤，在研究过程中要善于及时修正和调整研究程序。此外，还要注意实事求是，力求注重整体，在实践中检验研究结论。

综上所述，华文教育心理学研究方法多种多样，但各有其优点和不足，若仅采用单一方法，无法得出科学、全面和准确的结论，这就需要综合运用各种方法，取长补短，提高研究结果的可靠性。

第五节　华文教育心理学的起源与发展

华文教育遵循学科发展的一般规律，经过漫长而曲折的历史发展逐渐演变而成，华文教育心理学是适应华文教育发展的需要而产生，并随着教育心理学的发展而发展的。

一、华文教育的发展历史

自从两千多年前有了海外华侨，最初的华文教育也就出现了。不过那时的华文教育实际上只是华侨家庭对子女的教育。1690 年荷属印度尼西亚巴达维亚创办的"明诚书院"是最早见于文字资料的华文学校，标志着海外华文教育正式形成。

在过去的 300 多年间，海外华侨社会为解决华侨及其子女的母语教育问题，兴办私塾，建立书院，进一步发展华文教育。旧式华文学校的教学内容主要是《三字经》《千字文》《百家姓》《大学》《中庸》《论语》等。20 世纪 90 年代以来，随着中国经济的腾飞和综合国力的进一步增强，经济贸易和文化交流的范围日益扩大，海外各国掀起了学习华文的热潮。各国支持华侨团体办好各类华校；出现了新的办学形式和办学特点，举办了多种形式的学习班和补习班；许多国家竞相开设中文课程；中国政府也大力支持国内外华文教育。总之，华文作为国际交往的语言工具，越来越受到世界各国的重视。

虽然华文教育源远流长，但目前并没有一部完整的关于世界华文教育历史的文献，现有的一些华文教育历史研究著作，往往研究范围较小，史料性不强。

二、教育心理学的发展历史

作为教育心理学的一个分支，华文教育心理学除了继承传统的教育心理思想，也间接地不平衡地受到教育心理学的影响。1877 年俄国教育家与心理学家卡普捷列夫的《教育心理学》是第一部正式以教育心理学来命名的教育心理学著作。1879 年冯特建立世界上第一个心理学实验室，标志着心理学成为一门独立的学科。尽管冯特并没有直接研究教育心理学，但他的实验室实验对教育心理学家据此创建教育心理学的方法有很大影响。真正使教育心理学成为一门独立学科的人是桑代克（E. L. Thorndike），他在 1903 年著成《教育心理学》一书，后又在 1904 年扩充为三卷本的《教育心理学大纲》，内容包括《人的本性》《学习心理》《个性差异及其测量》，这是世界上公认的最早的、比较科学而又系统的教育心理学专著。

20 世纪 60 年代以后，由于西方人本主义心理学和认知心理学逐步兴起的影响，许多心理学家重新开始重视人性，关注人类的课堂学习研究。由布鲁纳（J. S. Bruner）发起的课程改革运动将面向教育实际的研究推向高潮。20 世纪 70 年代，奥苏贝尔（D. P. Ausubel）以认知心理学的观点系统阐述了有意义学习的条件、意义的获得与保持的进程；而加涅则对人类的学习进行系统分类，并阐明了不同类型学习的内部与外部条件。这两个学习理论为建立系统的教育心理学理论奠定了重要的基础。近 30 年来，教育心理学的大量研究课题从传统的纯理论研究向综合性的应用项目发展，研究重点日益转移到教学实际中的各种问题，特别是为教学方案设计和计算机辅助教学的程序设计提供心理学原则与依据。此外，有关认知策略、元认知和知识最优化等基础研究课题，也与学生阅读理解、学科心理、技能培养、教学设计等应用性研究课题结合起来，在应用研究上呈现出异常广阔的前景。

三、华文教育心理学的发展

随着华文教育的迅速发展，越来越多学者关注如何把华文教育中学与教的理论与实践结合起来，如华文学习者如何学习、记忆、保持、迁移、解决问题，华文教师如何根据学生的个性、态度、动机和策略等特点进行培养等，以更好地提高华文教学质量。顺应华文教育发展的需要，华文教育心理学应运而生。2003 年，唐燕儿编著的《华文教育心理学》，是我国第一本华文教育心理学专著，对华文教育界产生了一定的影响。2010 年，连榕等编著的《华文教育心理学》，标志着华文教育心理学学科得到了学术界的认可。2011 年唐燕儿编著的新版《华文教育心理学》，进一步加强了华文教育心理学学科的发展。

华文教育心理学的起源和发展离不开中国传统的教育心理思想，更离不开心理学和教育心理学的发展。华文教育心理学是基于教育心理学的理论与原则，专门研究汉语，特别是汉语作为外语和第二语言的教学与学习规律的应用学科。可见，华文教育心理学汲取了心理学、教育学、语言学、社会学等不同学科的研究成果，着重研究语言教学过程中学生的心理活动及其发展规律。虽然华文教育心理学刚刚起步，研究内容的系统性和整合性不够，基础研究和应用研究的结合不够紧密，研究方法也有待改进，但是这些年来，华文教育心理学从无到有，逐渐成为一门学科。该学科结合华文教育与教育心理学的理论观点，提出了华文教育的心理特点，并积累了一定的研究资料，为华文教育心理学未来的发展奠定了良好的基础，并取得了一定的成就。我们相信，随着华文教育的发展，华文教育心理学科也必定会更快更好地发展，取得更大的成就。

本章内容提要

1. 广义的华文教育指用中国语言文字为媒介进行中华文化宣传的教育行为，一般包含以下四种情况：①母语环境中的第二语言教育；②非母语环境中的母语教育、非第一语言环境中的第一语言教育；③非母语环境中具华裔语言文化背景的第二语言教育；④双语或多语种之一的汉语教育。

2. 狭义的华文教育指以母语或第二语言非汉语的海外华人、华侨为主要教学对象开展的中国语言文化教育。在东南亚地区和国内称华文教育，而在欧洲、美洲及大洋洲则称中文教育。

3. 华文教育心理学是基于教育心理学的理论与原则，专门研究汉语，特别是汉语作为外语和第二语言的教学规律与学习规律的应用学科。

4. 华文教育的研究不仅要包含汉语言本体的研究，如语音、词汇、语法等，而且包含对海外华人、华侨学生学习和习得汉语的心理现象与规律的研究。

5. 华文教育心理学的研究对象是华文教育过程中的心理现象与规律，包括受教育者各种心理现象及其变化和发展规律，以及教育者如何通过这些规律对受教育者进行有效的教育。

6. 就其学科性质而言，华文教育心理学是一门基础研究和应用研究并重的"跨学科"。

7. 华文教育心理学将教育心理学的一般原理结合到华文教育的特定领域，突出了华文学习理论、华文学习过程、华文教师心理和华文学生心理健康等主要内容。

8. 华文教育心理学一方面研究学生"学"的基本规律，另一方面阐明教师如何有效地"教"，前者侧重于理论探索，后者侧重于实践的应用，因此，开展华文教育心理学研究具有重要的理论和应用意义。

9. 作为一种科学的研究工作，华文教育心理学的研究从设计、材料收集、数据处理到做出结论都必须遵循客观性原则、系统性原则和教育性原则。

10. 华文教育心理学的研究方法主要包括描写研究法和实验研究法。描写研究法主要包括观察法和调查法。调查法主要包括问卷法、访谈法和教学经验总结法等。实验研究法通过精心设计和严格控制的实验手段揭示事物、现象和行为之间所存在的因果关系。

复习与思考

一、名词解释
1. 广义的华文教育　2. 狭义的华文教育　3. 华文教育心理学　4. 实验研究法
二、问答题
1. 华文教育心理学的研究对象和性质分别是什么？
2. 华文教育心理学的研究包含什么内容？
3. 华文教育心理学研究必须遵循哪些基本原则？
4. 华文教育心理学的研究方法有哪些？

延伸阅读

［1］贾益民. 华文教育学学科建设刍议——再论华文教育学是一门科学［J］. 暨南学报，1998（4）.

［2］唐燕儿. 论海外华文教育的发展及其趋向［J］. 高等教育研究，2009（6）.

［3］唐燕儿. 东南亚华文教育发展的背景条件［J］. 比较教育研究，2000（A1）.

［4］连榕，等. 华文教育心理学：第 1 版［M］. 北京：教育科学出版社，2010.

［5］唐燕儿. 华文教育心理学［M］. 广州：广东高等教育出版社，2011.

［6］于逢春. 华文教育概论［M］. 武汉：华中科技大学出版社，2014.

第二章　华文教学理论

第一节　联结派学习理论与华文教育

一、"试误—联结"学习理论对华文教学的启示

（一）华文教学中如何正确对待学生的偏误

桑代克认为，学习的实质是经过试误在刺激与反应之间形成联结，即形成 S - R 之间的联结，学习过程或联结建立的过程是尝试错误的过程。他从饿猫需要拉动绳索逃出迷箱逐次尝试的学习曲线中得出结论，动物的学习是通过尝试错误而逐渐发生的，联结学习的过程是渐进的"尝试与错误"直至最后成功的过程，而不是通过推理而顿悟的过程。

在语言获得过程中，学习者不可避免地会产生偏误。这对母语学习者是如此，对外语学习者更是如此。正如英国著名应用语言学家科德（Corder，1967）曾经指出的那样："无论我们多么努力，总是会出现偏误。"

目前，对学生华文学习过程中产生的偏误存在两种截然不同的态度。一种是认为语言学习是一个"刺激—反应"的过程，要通过不断的强化来形成正确的语言习惯。因而，教学过程中教师不容许学生偏误的存在，对偏误采取有误必纠、有误即改的方针，强调学生语言的准确性。这样做容易造成学生心理上的压力，学生怕产生偏误，怕人笑话，不敢大胆开口，久而久之，索性就缄默不说。另一种是宽容态度，认为偏误是语言学习从不完善到完善的标志，学习过程中产生偏误是自然的、不可避免的，不需要及时纠正，偏误可以随着学习者的进步逐渐改正。因此，教师对学生的偏误任其自然，只强调学生语言的流利性。这样做的结果是学生虽然克服了怕产生偏误的心理，但是说话毫不注意语言的准确性，无法准确表达。

应该说，以上两种对待偏误的态度都存在片面性。我们对待偏误既不能有误必纠，也不能放任自流。要注意偏误产生的原因，采取灵活多样的办法，有针对性地纠正语言偏误。

扩展阅读 2.1

　　同样是语音学习，如果教学重点是讲求语言的准确性，那么课堂上老师应该及时纠正学生的偏误。如果教学重点是讲求语言表达的流利性，那么，最为恰当的做法是推迟纠正学生的偏误。即教师在学生讲外语时，尽量不要去打断他，暗自记下其较为明显的语言偏误，待课下再指出来或予以纠正。这种方法主要用于课文复述、情景对话、大量总结等教学环节中。总之，教学目的、教学任务等不同，对待偏误的态度以及纠正的策略也要相应改变。

　　（节选自马红艳. 初中语文课堂环境建设研究 ［D］. 上海：华东师范大学，2013：45–49）

　　由此可见，要应对学生在华文学习中出现的偏误，在教学双边活动中起主导作用的教师，就要从教学目的和教学任务的实际出发，掌握好相应的教学艺术和技巧。

　　（二）华文教学与句型操练

　　桑代克提出的三条主要学习律分别是：效果律、准备律和练习律。其中练习律（law of exercise）认为联结的强度取决于使用联结的频次。一个已经形成的刺激—反应之间的联结，练习和使用越多，强化作用越大，反之则会变弱。练习律由作用律和失用律两部分组成。刺激和反应之间的联结因使用而强化。换句话说，不断地运用刺激情境与反应之间的联结，会强化二者之间的联结，这称为作用律。刺激和反应之间的联结因练习次数中断或不使用神经的联结而削弱，称为失用律。下面以汉语句型操练为例，说明练习律的效果。

扩展阅读 2.2

1. 成分替换法：句子主干不变，只替换其中一个成分。如练习"打算"时：

（1）师：放假以后，你打算干什么？
　　　生 A：我打算去上海旅行。
　　　师：（问另一学生）你呢？
　　　生 B：我打算去杭州旅行。

这种方法的难易由所替换的成分决定，如果需要替换的是整个目标语言点，难度就会加大，如练习"多 V-V"：

（2）师：生病的时候，你得怎么办（指黑板上的语言点）？

生 A：我得多休息休息。

师：（问另一学生）你呢？

生 B：……

在这里，学生就不太容易答上来，他脑子里必须储存了生病时需要多做的事情的对应语言形式才行（如"多喝水"等）。

2. 完成句子法：指老师只说句子的一半，由学生补足另一半。这种方法在练习关联词语时经常使用，但也不尽然。难易程度差别较大，具体形式有：

a. 补足个别词语。如"不但……，而且……"："一班的女生不但漂亮，而且……"这种操练难度最小，接近全控制式操练。

b. 需补足的部分与出现的部分关联度较强。如"凡是……，都……"："凡是……，她都喜欢。"该例有一定难度，不过还是可以回答出来。

c. 需补足的部分与出现的部分关联度较弱。如"非得……不可/不行，非得……才"："非得……，我才会跟他结婚"，"电影七点钟开始，现在已经 6：30 了，我们非得……不可。"补足这两个句子就不仅仅是言语编码能力的问题了，还需要有较充分的前期积累。

3. 回答问题法：这是密集强化操练法的精髓所在，关于如何提问的研究很多，这里恕不赘述。需要简要说明的是，同样是问题，难易差别也会很大。

a. 答案在提问当中，难度最小，类似于成分替换法。如练习"S＋建议"，老师问："大卫生病了，你建议他怎么做？"老师实际上已经说出了句架，本质上是完成句子。

b. 答案不在提问中，但事先有铺垫。如"A 跟 B 一样/不一样"：

（3）师：（问一个学生）你喜欢中国菜吗？

生 A：我喜欢中国菜。

师：（问另一学生）你呢？

生 B：我也喜欢。

师：（指着板书带领大家合唱）生 A 跟生 B 一样，都喜欢中国菜。

无论两个学生回答"一样"还是"不一样"，都容易带出目标句。但有时也会出现答案不在提问中，且事先无铺垫。如"何以"：

(4) 师：美国总统里根、克林顿、小布什等都连任两届总统。如果你想知道他们能够连任的原因，该如何询问？

生：……（参考答案：里根、克林顿、小布什何以能连任？）

这个弯拐得有点儿大，"何以"又带有文言色彩，显然这个目标句不是一般学生能够说得出来的。不过这种提问似乎并非教师课前没准备好，而是要根据学生的情况来决定。对于有些基础好且特别聪慧肯学的学生的确需要设计一些编码难度较大的提问。

（节选自谷陵. 美国名校在华汉语强化教学模式研究 [D]. 北京：中央民族大学，2013：102－105）

在句型操练过程中，华文教师的作用一方面是把握好主动权，将操练引向其预想的目的，另一方面是通过各种方法使"输入"变得简洁直观，并给予学生尽可能多的发言机会。

二、经典性条件反射学习理论对华文教学的启示

（一）华文词汇教学与遗忘规律

尽管巴甫洛夫本人并没有专门概括学习的规律，但是他的实验及所提出的条件反射原理实际上包含了许多重要的学习规律，其中最重要的是学习的消退律与学习的泛化和分化律。

消退律是指如果条件刺激出现多次而没有无条件刺激的强化，则已经建立的条件反射将逐渐减弱甚至消失。条件反射的消退带有暂时的性质，在某一种情况下，条件反射消失后不多久，就自行恢复了，在另一种情况下，为了要达到恢复的目的，就必须再次用使条件反射与无条件反射反复结合或别的方法，不同的条件反射又会有不同的消退速度。巴甫洛夫认为条件反射的消退是一种由抑制过程所引起的较完全、较长期的机能性遮断。

这提示我们在进行华文教学时，应当注意强化教学记忆，及时复习。在对外汉语教学中，词汇是教学重点，亦是学生学习的难点。学习者在使用汉语进行沟通交流时，实际上影响他们的最大障碍是词语的掌握运用。特别是在学汉语的初级阶段，学习者要学好汉语，主要的任务是掌握大量的词汇，要有足够的词汇量。但是在词汇教学中，让教师和学生头疼的问题是生词的遗忘率较高，特别是对于非汉语圈的学生，想要掌握字和生词更是难上加难，很多学生都在抱怨记汉字和生词太难，即便他们写了若干遍也还是记不住，这些无疑会给学生运用词汇和继续学习汉语造成巨大的障碍。这也是导致许多中国文化爱好者望而却步，最初敢于"试水"的汉语学习者们都

纷纷退出的最大原因。

近年来，很多学者对词汇教学从教学内容、教学方法、教学原则等方面进行了多角度的研究。虽然教师们绞尽脑汁，用尽各种教学方法，力图加深学生对词汇的记忆，但是学生们还是举着白旗高呼："记不住！"因此，如何让汉语词汇教学在帮助学生理解词汇音、形、义的同时，还让学生记得住、记得牢，必将成为对外汉语教师研究的重点。结合消退律，可以帮助我们更好地进行词汇教学。

扩展阅读 2.3

把经典性条件反射学习理论引入对外汉语词汇教学，需要教师花费更多的精力和时间去编排教学内容。如何能在有限的教学时间中把原本仅有一到两次的生词教学增加到四次或以上，这将会是教学设计的一个难点。在教学设计中，第一和第二次生词教学时，与以往的教学设计相仿，尽可能增加生词学习的记忆兴趣点，以帮助学生加深记忆；第三次教学会安排在下一单元课程的练习环节；第四次教学的时间会安排在第三个单元的复习环节，后两次教学会根据当时的授课内容穿插进所要复习的生词，通过对教学内容进行合理的编排，在不影响教学进度和时间的前提下，达到词汇重现的目的。在教学之前教师要对整个教材的内容了然于心，并把教材进行重新的再编排，同时要准备生词卡片和电子版的生词日历，把生词卡片按照课次和日期编排放好，在相应的学习和复习时间拿出以帮助教师完成教学。如果一组生词中有一些是无法根据当天的授课内容编排进去的，可以根据教学内容进行适当的调整，把该生词提前或延后几天编排，以免影响学生记忆的效果。当然如果有的词语实在无法按照所需时间进行编排，教师可以利用上课前几分钟的复习热身时间，选用图片、生词卡片或用提问的方式来复习该词语，同样可以达到重现词汇的目的。

（节选自薛丹．基于艾宾浩斯记忆遗忘规律的初级对外汉语词汇教学设计 ［D］．沈阳：辽宁大学，2012：16 – 17）

此种词汇教学方法除了在本次设计中应用于口语课堂以外，还可以应用于对外汉语精读、听力和阅读等课程，不同的是对词汇教学内容的侧重点会有所差异，对于帮助考生应对 HSK 考试的短期记忆和扩大词汇量还是比较有效的。

（二）华文教学与泛化性偏误

条件反射一旦确立，其他类似最初条件刺激的刺激也可以引起条件反射，称为泛化。巴甫洛夫在实验过程中发现，有机体在开始时一般都以同样的方式对与原来条件刺激相似的刺激做出反应，例如，如果原来的条件刺激是 500Hz 的音调，现在用 400Hz 或 600Hz 的音调也能引起条件反射。泛化条件反射的强度与两个条件刺激间的相似程度有关，相似程度越高，反应强度越强；相似程度下降，反应强度也越弱。

因此，在实际的学习过程中，为了避免有机体所形成的条件反射的泛化，需要在条件反射建立过程中或建立后进行分化活动，分别向有机体呈现条件刺激与与之类似的无关刺激，对条件刺激给予强化，对无关刺激则不给予强化，这样就可以使有机体对条件刺激与与之相似的无关刺激产生分化，对前者做出反应，对后者不予反应。

扩展阅读2.4

教师应该在教学中使用各种方法尽量避免不必要的泛化性偏误的产生。在教学过程中应注意以下几个问题：①在教学过程中，对于那些不能穷尽所有现象的规则，教师应尽量使用"一般可以""有可能"，避免使用"应该""一定"这些绝对化的词语。②安排练习时，强调"类推"，以达到"举一反三"的作用；但同时列举"例外"，提示学生该规则并非适用于全部现象。在教学中，我们常常采用"先普遍，后例外"的顺序，目的在于减小难度，让学习者熟悉了解之后再深入讲解，因此规则的泛化多发生在"先普遍"阶段。其实我们可以从一开始就加入适量的例外，可以由少到多地添加例外。③练习中安排一些游戏的方法，寓教于乐，使学生发现规律并意识到规律的局限性。

（节选自干红梅．浅析汉语作为第二语言习得中的泛化性偏误［J］．云南师范大学学报，2005（1）：56 – 59）

泛化性偏误的出现虽然是学习过程中不可避免的正常现象，对学习者目的语系统的形成是十分必要的积极过程，但也是不完善的目的语状态。因此，为保护学生的积极性就不能有错必纠，为减少不必要的浪费就不能放任自流。我们应该尽量减少不必要的泛化，尽量使学生少走弯路，以免浪费学生的时间和精力。

三、操作性条件反射学习理论对华文教学的启示

（一）华文教学与新兴教学工具

操作条件反射又称为工具条件反射。斯金纳（B. F. Skinner）认为，程序教学可以利用教学工具如机器进行，把每一知识项目编制成知识框面，通过教学机器上的窗口或屏幕呈现给学习者，并能记录学习者回答的对错，出示下一步该学习哪一框面中的知识项目等信息。程序教学也可以编制成书本进行，每页呈现一项问题，并根据学生的回答指示学生下一步该学习哪一页的知识。目前以教学机器和程序教材为基础的程序教学已不多见，而更进一步发展成为计算机辅助教学（CAI）。CAI教学的方法和

基本思想还是以斯金纳的程序教学为基础。在"互联网＋"的大背景下，更出现了微型课堂、慕课等具有跨时代意义的教学。

扩展阅读 2.5

慕课是术语"MOOC"的汉语音译，全称为"Massive Online Open Course"，即"大规模在线开放课程"。慕课的到来，带来了学习方式的革新。它具有以下几个特点：①大规模。不同于传统的课堂教学，慕课一门课的学生数量很多，有的甚至有十几万人。②开放。慕课对所有人开放，学习者不受国籍、年龄、地域、职业、专业的限制。大部分课程学习免费，仅在制作证书时收取工本费。③在线。学习者需要连接互联网，使用智能手机、平板电脑等终端在线学习。④学习时间碎片化。慕课课程由多个围绕某一概念、原理或者话题的授课视频组成，每个小视频时长 5 至 10 分钟，学习者可以利用排队、坐车等任何可利用的时间完成学习。⑤生动、互动。同学、师生之间答疑解惑，可建立课程论坛和讨论模块。视频学习中穿插小测验，如游戏通关，富有趣味。

传统的课堂教学教师多使用"讲授法"，这种方式有利于控制课程进度，但过程比较呆板。慕课主要通过视频影像这一形式来讲授课程，图文声画并茂，具有多重表达手段，能够积极调动学习者的感觉器官，使其最大限度地接受和加工新的语言信息。与传统课堂不同的是，慕课平台上的课程可以反复点击观看，对于语言学习的重点和难点可以重复学习。同时，慕课学习具有互动性。同学、师生之间答疑解惑，可建立课程论坛和讨论模块，通过同学互评、团队合作完成作业等形式来取得更好的学习效果。

（节选自刘娟．慕课（MOOC）背景下的国际汉语教学和推广 [J]．学术论坛，2015（3）：177–180）

慕课是一种新的学习浪潮，被誉为"印刷术发明以来最大的教育革新"。慕课时代的来临，对旧的传统教学模式产生冲击，对华文教育也产生了重要的影响。当代华文教师不仅应该重视慕课，更应该了解如何使慕课成为帮助华文教学的工具。

（二）华文教学与程序教学理论

所谓连续接近技术，是指通过不断强化有机体的一系列逐渐接近最终行为的反应来使它逐步形成这种行为。也就是说，实验者有选择地对有机体做出的接近最终行为的各种反应给予强化，而不是等待最终期望的那种行为自然出现后才给予强化。

以训练老鼠压杠杆为例。一只饥饿的未经训练的老鼠刚被放到斯金纳箱中时，可能不容易自发地做出按杠杆的行为，它可能会在里面来回走动，嗅一嗅等，当这只老鼠转向食物杯时，实验者操作一个手工盒子，把食物送到食物杯中。食物的滚动声会吸引老鼠的注意，老鼠会靠近杯子去吃食物。每当老鼠接近杯子时，实验者就送一粒食物。很快这只老鼠就会花大部分时间靠近杯子。因为杠杆是靠近杯子的，老鼠很容易会碰到杠杆，当它出现了第一个压杠杆动作时，立即给予强化，从这时起，实验者就只在老鼠碰到杠杆时才给予食物强化。最终，老鼠学会了压杠杆获得食物。

斯金纳认为，要达到一个难度较大的行为目的，需要用连续接近法，分很小的步子强化逐次加大强化的难度，这样可以由易到难逐步达到目的。为了促进人形成情境与特定行为的联系，必须对行为进行强化。学生要形成教育者希望的行为模式，这个行为一时做不出来，可以采用连续接近法，通过设计好的程序不断强化形成最终行为目标。教育的行为就是设计好教育的特定步骤的强化，形成教育者所期望的行为模式。根据这一思想，斯金纳提出了程序教学法。

程序教学是指将各门学科的知识按其中的内在逻辑联系分解为一系列的知识项目，这些知识项目之间前后衔接，逐渐加深，然后让学生按照知识项目的顺序逐个学习每一项知识，伴随每个知识项目的学习，及时给予反馈和强化，使学生最终能够掌握所学的知识，达到预定的教学目的。可见，精心设置知识项目序列和强化程序是程序教学成功的关键所在。程序教学遵循以下原则：小的步子、积极反应、及时反馈、低错误率、自定步调。

扩展阅读 2.6

本次实验在暨南大学华文学院留学生长期进修班中进行，时间为十周。中上三班为实验班，有 27 名学生，学生的平均水平为已在中国正规学校进行过一年汉语进修，基本达到 HSK 三级。采用的教材是暨南大学华文学院中级写作课统一使用的《留学生写作进阶》。这本教材遵循单句—复句—段落—短文的顺序进行讲解，语言知识较多，例文偏难，而且讲解的内容过于概括，使用起来并不顺手，因此笔者在教授的过程中一方面兼顾课文中的知识，以免造成实验班和其他班级脱节，另一方面在讲解中加入自己设计的内容和范文。

采用的方法是以讲解篇章知识为主，要求学生主动地去发掘生活中可以用于写作的素材，并给予积极的反应。对于语言正确性的评改在作文的定稿阶段才会比较重视。

具体过程为：

（一）第一周进行摸底测试

要求学生以"介绍自己"为主题进行写作。方法：告诉学生，要他们写一段话来介绍自己，帮助老师了解他们的汉语水平。教师首先在黑板上写一段例文描述教师本人的外貌,让学生猜这个人是谁,引发学生的好奇心。然后让学生模仿老师的方法,写一段话来介绍自己,主要从外貌方面进行描述。

测验结果:这次测验学生写作情况均不理想。

普遍问题是:①篇幅比较短:平均字数为37字。②不成语段:很多学生的作业只是一句一句单个的句子,没有句子之间的衔接词,而且过于简单,基本不成文。③学生想到哪里就写到哪里,没有中心,很多不符合老师关于外貌描写的要求。④句式和表达方式不够丰富。

(二)第二周到第十周的教学安排

(1)教学内容:首先让学生自己写句子,在确定学生水平已经超过句子阶段的情况下,对课本中单句和复句的知识进行简化处理,主要以学生的练习为主。在兼顾课本知识的前提下,进行语段和语篇训练。

(2)主要教学方法:引导学生进行自我思维的发散和学习。教师帮助学生找到话题、构思内容以及收集资料。给学生充分讨论、反馈、修改的时间和机会。具体方法有针对主题的头脑风暴、同伴修改、师生意见交换等,并给予积极的鼓励。

(3)在处理课本中的句子部分时,教师并不着重讲解语言知识,而是让学生自己按课本的要求写句子和使用关联词语造句。然后让学生相互修改写出来的句子并在教师的指导下进行分析。这样就利用了鲜活的语料而不是课本上难懂而生硬的例子来教授,在一定程度上激发学生的兴趣。

(4)具体方法:

首先以"怎样学汉语"作为中心句来让学生讨论学习汉语的方法,同时给他们提示:如果你有朋友从你自己的国家到中国来,他不会汉语,你觉得他应该怎样学习呢?请向他介绍你学习汉语的好方法和经验。然后组织学生分组进行讨论。一般每四人为一组,在分组的时候注意将学生按照不同国别来分,减少他们使用母语的机会。同时有意识地安排成绩较好的学生和成绩稍差的学生一组,内向的学生和外向的学生一组,让他们在互补中提高。学生讨论之后,每组都写出了一些相关的句子。教师指导学生将这些句子进行分类,从而写出提纲。

之后教师收集这些提纲,找出其中比较好的习作,进行公开表扬,并把它们印发给大家。教师以这些提纲给学生做参照,让学生跟不同组的同学交换提纲,进行同伴互改,写出比较详细的思路图。接下来让学生写作初稿。下一次课的时候让他们互改初稿,从作文的结构和语言等方面进行修改。在参考别人的作文和意见之后再写第二稿。然后教师评改第二稿并写出正面的评语,学生再与老师进行交流,重新修改,完成定稿。

(三)实验结果及其启示

学生的作文有了一定的进步。首先是篇幅上有了比较大的增加,结构上也有所改进。语言的组织上仍然存在问题,不过在教师评改之后有了好转。由于有了写作提纲的经验，学生作文的结构比较清晰，但是内容不够具体。在第二稿中间就有了对题目的铺垫和陈述，以及对背景的描述。同时对于学习汉语方法的描写也更为具体。无论在篇章的组织上，还是语言的运用上，都有了更大的进步。这种进步在实验班中是一个普遍现象。尤其是本身语言水平较好的学生，在使用过程法进行教学后进步比较明显。

（节选自闫婧.“结果法”与“过程法”［D］. 广州：暨南大学，2007：20 - 25）

可见，如何在“程序法”中引入华文教学是一个值得探讨的话题，在教学过程中不断地鼓励与表扬，不仅能提高学生的学习水平，也能给学生的成长带来积极的影响。

（三）华文教学中奖励措施的选用

主要是由于在特定情境中有机体发生的某种行为的结果得到强化而促使联结的建立，这是操作性条件反射学习理论关于联结形成的特有的看法，因此，该理论也可以称为“强化—联结”学说。强化可以分为正强化和负强化两种类型。比如给予微笑、赞扬、奖品，提供学生喜欢的活动等都可以对教师希望学生学会的某种行为或本领进行正强化，而收回批评、停止打骂、取消学生不感兴趣的活动等都是在对上述行为进行负强化。

学生学习的主要任务是学习间接经验。对于学习汉语的华裔而言，长期的书本知识学习有时略显枯燥乏味，且当学习任务有较大难度时，学生由于惧怕失败或怀疑自身能力，也往往不会有太高的学习积极性，此时，作为外部动机的课堂奖励就可以有效地激发学生的学习兴趣，激励他们积极主动地投入到学习活动中。

扩展阅读2.7

观察资料1：

由于学生刚上完体育课都无精打采的，于是教师在上课之前许诺：“做对题目可以得到一枚小红花”“到黑板前展示方法可以给小组加一分”。学生听到后，学习热情一下子被点燃，马上拿出练习本自觉地做起题来。到了展示环节，学生们都争先恐后地举手发言，气氛异常活跃。

访谈资料2：

教师A：其实我觉得所有的奖励都是为了调动学生学习的积极性，然后呢，让孩子有一种成就感，在某一种程度上也会激发学生的学习兴趣，让他体会到“你成功了，就会有奖励”，然后孩子心里就会高兴，愿意投入学习，这节课自然而然就会非常顺利地被“拿下”。

访谈资料 3：

教师 H：不论用什么奖励，目的都是为了最终提高课堂效率，只要能够达到这个目的，奖励多少我觉得都不是问题。

（节选自郭胜．小学课堂奖励的负效应及规避策略研究［D］．济南：山东师范大学，2014：14）

通过对上述材料进行分析，我们可以看到在教学过程中，适当的课堂奖励不仅能够让枯燥的学习内容增加新奇性和挑战性，而且能激发学生的学习兴趣，使学生产生一种积极向上的动力和愉悦的情感体验，激励他们不断追求新的目标，而这两者又可以直接提高教学效率，促进教师教学目标的达成。

值得说明的是，有研究表明外部驱动力的作用是短暂和有限的，而内在驱动力的作用却是持久的。对此，教师在实施课堂奖励的同时，应注意培养学生后续学习过程中持久的学习兴趣和热情，努力将学生学习的外部驱动力转化为持久的内部驱动力。内部驱动力和外部驱动力并行的过程，也就是学生不断自我实现的过程。

四、观察学习与社会学习理论对华文教学的启示

（一）华文教学中学生榜样的塑造

观察学习理论认为，人类的大多数行为是通过榜样作用而习得的：个体通过观察他人行为会形成关于怎样从事某些新行为的观念，并在以后用这种编码信息指导行动。因此，观察者获得的实质上是榜样活动的符号表征，并以此作为以后适当行为表现的指南。

心理学家认为，榜样影响力产生的基础在于人具有的一种模仿天性。如以斯金纳为代表的行为心理学以"反应—强化"这一模式解释模仿行为，以皮亚杰为代表的结构主义心理学根据儿童思维发展的阶段对其模仿行为进行解释。但这些观点都只是对模仿行为的零星描述。对榜样模仿行为研究最为突出的是班杜拉，他在大量实验的基础上建立了社会学习理论，对人的模仿行为做出了较为全面的解释。班杜拉认为人类的大部分行为可以通过观察榜样习得，他用"观察—模仿"概括个人对于榜样接受的心理机制，并将"观察—模仿"过程分为四个相关联的子过程：第一，注意过程：对榜样的知觉；第二，保持过程：示范信息的储存；第三，动作复现过程：记忆向行为的转变；第四，动机过程：从观察到行为。班杜拉的研究为榜样教育的存在、个体接受榜样的心理机制等提供了理论依据，也对榜样教育的实践起到指导作用。

从观察学习的理论出发，注意观察是学习的开端，即观察者注意到了示范行为；然后将示范行为表象化，用映像或言语表征将其保留在记忆中，即"记住了示范行为"。这是观察者的认知过程，发挥作用的是认知机制。与此同时，观察者在具有动

作能力水平和对自己行为后果良好预期的基础上，能将保留在记忆中的表征转化为适当的行为。这一过程是观察者效仿行为的表现，发挥作用的是仿效机制。然后再通过强化激发观察者的动机，使行为得以维持。这是观察学习的最后一个过程，发挥作用的是固化机制。

扩展阅读 2.8

通过树立榜样实施教育在我国源远流长。如我国传统文化中所讲的"三人行，必有我师焉""见贤思齐，见不贤而内自省""学为人师，行为世范""高山仰止""六亿神州尽舜尧"等，讲的是要以德、才、学、行优秀者为学习的榜样，其中的"师""贤""范""高山""舜尧"，有的是形象化的比喻，有的已演化成一种精神象征、道德符号，都是指值得人们学习的优秀人物，也就是我们平常所说的榜样；还有"以身作则""言传身教""身教胜于言教""其身正，不令而行""率先垂范""上行下效"、"人不率，则不从；身不先，则不信"等则是指自身要为他人树立榜样。可见，在我国古代已十分重视榜样教育。

（节选自夏芳丽．当代青少年榜样教育有效性新探 ［D］．上海：华东师范大学，2012：39－41）

（二）华文教学中肢体语言的应用

引导学习者的认知和动作再造过程：在认知性和动作性技能教学中，教师要向学生提供下列机会：把观察到的行为编成视觉意象或文字符号；在内心演练示范行为。从 20 世纪 80 年代中期开始，我国学者逐渐认识到肢体语言在课堂教学中的重要作用，他们不仅吸收国外非言语行为的研究著述，更结合中国的实情，开展教师肢体语言研究，逐渐使汉语国际课堂教学中的肢体语言研究呈现出中国特色。

扩展阅读 2.9

教学主题：《有个女孩叫玛尼》
科目：汉语词汇课
教学对象：泰国小学四年级学生
课时：一课时
一、教材内容
复习已学五官词汇："耳朵、眉毛、眼睛、鼻子和嘴巴"，学习"圆、大、小、漂亮"等形容词。

二、教学目标

（1）能够记住生词，学会不同形容词跟五官的搭配。

（2）能够在老师的指导下，简单介绍自己的朋友。

三、学习者特征的分析

教学对象是小学四年级的学生，具有较强的观察能力和模仿能力，反应灵活，聪明好动，对学习新知识有很大的积极性。

四、教学方法

采用讲授法、直观演示法、练习法和讨论法。主要通过老师运用简单明了的口头语言，配合适当的肢体语言启发引导学生学习词汇。根据课程内容进行实物和教具展示，让学生通过观察获得新知识。通过小组讨论，增加学生间汉语交流的机会，让学生在小组练习和游戏中相互学习，加深对汉语的了解。

五、教具准备

（1）搜集不同的五幅图片，制作符合教学内容的多媒体课件。

（2）根据教学内容绘制可换装的娃娃贴纸。

六、教学环节

1. 复习已学词汇

首先，老师面带微笑走到讲台前，环顾四周，跟每位学生进行眼神交流，确定学生能静下来上课后，用简单的汉语向学生问好。接着，老师通过 PPT 展示，回顾前面所教学的五官词汇"耳朵、眉毛、眼睛、鼻子和嘴巴"，为学习新知识做铺垫。老师一边发音一边用手指着自己相应的五官，并用眼神提示学生跟上自己的节奏。

接着，老师伸出手指指向自己的五官，学生齐答。对于大部分学生忘记或者发音错误的生词，老师及时纠正。然后请个别学生上台，根据老师的手势，说出对应的五官词汇，老师可问台下的学生，台上的学生回答是否正确，增强学生的参与度。对于回答正确的学生，全班鼓掌，以示奖励；对于回答错误的学生，老师摇头并通过眼神提醒学生思考，让学生再回答一次，直至学生回答正确。最后，根据完整的五官图片，师生一起说出五官名词。全班鼓掌，奖励自己。

2. 新词汇的学习

接着，学习新的知识点——有个女孩叫玛尼。老师带来一位新朋友"玛尼"，以"玛尼"为蓝本，学习如何形容她的五官。先由老师在黑板上画一个圆圆的脸，一边画一边用手势指向自己的面颊，让学生明白生词的含义，突出"圆"脸的意思。接着，老师为圆脸画上一双大眼睛，在黑板一侧书写"大"字并标音。老师转动眼睛，用双手在眼睛四周画圈，停下来让学生看清楚老师所指的位置，保证学生明白老师所要表达的意思。接着，以同样的方式教"小嘴巴"。老师可用略夸张的手势比画，再画图，让学生感受这组反义词的不同点。最后，为"玛尼"添上头发、衣服等，老师先通过手势和身体动作展示女性的美，并辅之以泰语，问学生："老师漂亮吗？""漂亮！"学生答道。"玛尼漂亮吗？"老师接着问，学生回答："漂亮！""真棒，我们可以说，她很漂亮。"老师一边说，一边在黑板上板书"漂亮"。接着通过 PPT 展示玛尼圆圆的脸、大眼睛和小嘴巴。通过一张完整的玛尼图片，师生一起复习新词汇。

接下来，根据课文，学习不同形容词和五官词汇的搭配，如大眼睛、大嘴巴、小嘴巴。老师可以通过手势和面部表情展示各个词汇，以 PPT 展示生词图片和写法，用夸张生动的形式让学生更好地记住词语。

最后，学习课文："有一个女孩叫玛尼，她有一张圆圆的脸，大眼睛和小嘴巴，她很漂亮，她是我的好朋友。"老师通过一句句讲解，适当用肢体语言辅助教学，以便学生更直观地明白课文含义，然后分小组朗读课文，个别朗读。

在保证学生基本掌握新知识后，开始玩"猜猜他是谁"的游戏。首先，老师做示范，以课文为模板，选择班上一位面部特征比较明显的学生向全班描述，不说出学生的名字，请全班同学根据老师的描述猜出这是哪位同学。老师的语速放慢，说到关键词，如"大眼睛"时，配以肢体动作，并用眼神提醒学生，有少数学生能很快猜出老师所描绘的学生，老师马上给予回答正确的学生眼神鼓励，微笑并竖起大拇指。老师再一次回顾如何表述一位学生，将基本句式再重复一遍，重要生词多读两遍。大部分学生能很快明白老师的意思，并试着模仿造句。给学生一点时间思考后，老师请几位学生上台描述自己的同学，大部分学生都是描绘自己的好朋友，或者面部特征比较明显的学生，偶尔出现师生都无法猜出的答案，学生便会哈哈大笑，说出自己的答案。

对于表现良好的学生，老师给予及时的肯定；对于表现欠缺的学生，老师给予鼓励，争取使其在同学或老师的帮助下，说出完整的句子。游戏结束后，师生一起鼓掌，随即竖起大拇指表扬上台学生："棒、棒、棒，你最棒！"

3. 布置作业

最后，布置课堂作业，学生用可换装的娃娃贴纸拼出自己喜欢的形象，展示并描述自己的作品。

七、教学评价与反思

在这节课，老师能很好地利用肢体语言进行词汇教学，积极调动学生的兴趣，让学生直观感受到汉语词汇的意思，学生开口说汉语的机会也较多，基本上是一个成功的教学案例。首先，老师的教学很有层次，先复习上节课知识，接着教授新的词汇，最后学习课文并加以游戏，巩固所学知识。其次，老师的语言简练、有效。老师能有效地抓住学生的心理，有声语言和肢体语言结合使用，不断重复简单的指令，直到学生明白为止。最后，老师的课堂练习机会多种多样并且行之有效，既有全班练习，又有小组练习和个人练习。每次练习前，老师都会进行简单讲解并辅之以肢体语言，亲身示范，让学生明白自己该怎么做。但是，老师在课堂上也出现了一些问题，例如：课堂纪律有时比较混乱，学生开小差的现象时有发生，不能保证每位学生参与课堂等等。

八、解决措施

针对上述问题，老师要恩威并重，向有经验的泰国老师学习，掌握管理课堂纪律的方法，针对个别学生，采取必要的惩戒措施。在课堂上，老师应该考虑单个学生、小组、男生女生、全班学生之间的关系，尽量让每位学生都有机会回答或表现自己。

（节选自朱治平．肢体语言在初级汉语课堂词汇教学中的应用［D］．南宁：广西大学，2015：47-51）

形容词在词汇教学中有着不可小觑的地位，不学会形容词就无法正确描述事物的形状、性质和状态，也就不能准确有效地进行言语交际。形容词主要表示人或事物的性质、状态、特征或属性等。根据语法特征及所表示的意义，形容词可分为性质形容词和状态形容词两类。性质形容词能受否定副词"不"和程度副词"很"等的修饰，表示事物的性质或属性；状态形容词不能受否定副词"不"和程度副词"很"等的修饰，表示事物的状态。

在HSK四级词汇中，共有164个形容词，其中性质形容词129个，状态形容词35个。对于大部分性质形容词而言，教师一般使用直译法进行词汇教学，但不少性质形容词可以使用肢体语言辅助教学，让学生直观明了地理解生词的含义。教师可以通过图片展示法学习词汇，如选取"累"和"舒服"的图片并标注拼音与汉字，先解释词汇，再请两位学生模仿，让学生体会"累"和"舒服"的含义；也可通过实际品尝集中学习味道类词汇，如"酸、甜、苦、辣"；还可以通过用反义词解释词义、肢体语言辅助教学来学习"冷"和"热"，教师可以通过穿衣服和脱衣服两个动作来表明"冷"和"热"的含义。

第二节　认知派学习理论与华文教育

一、格式塔完形学习理论对华文教学的启示

格式塔心理学家提出了他们对有机体学习的基本看法，环境是一个不断变动的"形"，与之相应，有机体头脑里存在着与环境相对应的一个"同形"，这样有机体能与环境保持平衡。有机体周围的情境发生变化时，有机体头脑中的完形就会出现缺口，在这种情况下，有机体就会重新组织知觉，通过这种组织作用，弥补缺口，产生与这个新情境一致的新的完形，也就是获得了新的经验。有机体这种组织活动就是学习，因此，学习的实质是组织或完形作用。

这一理论启发我们，在华文教学过程中，学生和教师都在不断地获得经验和积累经验。华文教师要教好学生，必须不断地积累经验，提高自己的教学水平，尝试和体验新的教学方法；华文学习者要学好华文知识，也需要在学习过程中不断积累经验，体验和尝试新的学习方法。

扩展阅读 2.10

有一位志愿者教师去泰国任教，刚开始他和在国内教学一样，使用听写方式来考查学生对词汇的掌握程度和练习学生的华语听力能力。但是他发现学生的专注度并不高，因为这种方式比较枯燥，而且对学生来说难度比较高。这位老师在仔细观察以后发现当地的学生都喜欢并擅长画画，于是他就改变了原有的单一的听写形式。将学生分为不同的小组，小组内部分工合作，老师念一段话，让学生听了之后，将这句话的内容画下来，并且在画的旁边用华语进行标注，最后通过画面内容与老师所念句子内容的匹配度和完成速度以及画画的好坏给小组打分，这种方式的尝试让学生们团结协作，非常积极地参与，而且调动了他们学习的主动性，最后的效果很好。

（暨南大学华文学院汉语教师采访，2016）

以上这个例子正好说明了一个优秀的华文教师在实践中不断积累经验，不断尝试和体验新的教学方法，才会变得更加优秀。

（一）华文教学中的主动性培养

经验的积累需要主动性，这种主动性体现在教师对教学方法改进和对学习者主动性的培养上。从教师的角度看，华文教学方法的改进是一个持续不断的过程，教师需要根据学生不同的国籍、不同的年龄、不同的语言背景做出有针对性的调整。从学生的角度看，学生在学习华文的过程中会遇到很多困难，有些知识学生短时间内很难掌握，比如连词、离合词、语体等，这就需要教师积极引导和帮助，增加学生的成就感，让学生获得学习的动力。

扩展阅读 2.11

一位老师在教授学生新词的时候，会先带读，让学生掌握其读音，然后向学生展示一些非常直观的图片或者场景来解释这个词，接下来这位老师会先让学生自己尝试着造句。结果老师发现，很多学生都可以造出很好的句子，即使有些学生造的句子不是很恰当，但是也调动了学生主动思考，并对已学的知识进行了回顾和调用。老师会在最后给出比较准确的例子，让学生再次学习这些词汇，等学生理解老师的例子之后，老师再带领学生玩造句比赛的游戏，看谁能够用所学的词汇造更多的句子。在学生的积极参与下，学生对所学的词汇不仅有了深入的了解，也得到了充分的练习。

（暨南大学华文学院汉语教师采访，2014）

（二）华文教学中的顿悟形成

格式塔心理学家认为，学习过程这种知觉的重新组织，是一种突然的顿悟，而不是一种盲目的尝试，是对情境顿悟而获得成功。以华文学习中成语的学习为例，成语一直以来都是令华语学习者比较头疼的事情，因为成语是高度浓缩和凝固的结果，掌握成语需要比较高的综合素质。因此我们在成语教学的过程中，可以用联系的思维，构建学生整体的视角。很多成语背后都有一个典故，教师可以先用简单、浅显的语言将成语故事讲给学生听，让学生进入语境中去，了解成语背后的故事，然后再将成语拆分开，对每一个词、每一个字的意思进行解析，让学生进一步详细地了解，最后将具有相同语素的成语列出来比较学习，让学生从整体上有一个宏观的理解。

扩展阅读 2.12

例如，"惊弓之鸟"的学习，可以先讲述与之相关的故事。战国时，魏国有一个叫更羸的射箭能手。有一天，更羸跟魏王到郊外打猎。一只大雁从远处慢慢地飞来，边飞边鸣。更羸仔细看了看，指着大雁对魏王说："大王，我不用箭，只要拉一下弓，这只大雁就能掉下来。"

"是吗？"魏王信不过自己的耳朵，问道，"你有这样的本事？"

更羸说："请让我试一下。"更羸并没有取箭，他左手拿弓，右手拉弦，只听得"嘣"的一声响，那只大雁直往上飞，拍了两下翅膀，忽然从半空里直掉下来。

"啊！"魏王看了，大吃一惊，"真有这本事！"更羸笑笑说："不是我本事大，是因为我知道，这是一只受过箭伤的鸟。"魏王更加奇怪了，问："你怎么知道的？"

更羸说："它飞得慢，叫的声音很悲惨。飞得慢，因为它受过箭伤，伤口没有愈合，还在作痛；叫得悲惨，因为它离开了同伴，孤单失群，得不到帮助。它一听到弦响，心里很害怕，就拼命往高处飞。它一使劲伤口又裂开了，就掉下来了。"

讲完故事以后再对成语进行拆解。这个成语中重点向学生讲解"之"的用法，"之"相当于现代汉语助词"的"，放在定语和中心语之间。然后让学生举出具有"××之×"格式的成语，如"不速之客""莫逆之交""弦外之音""乌合之众"等，他们可推知这些成语也是定中式的名词性成语。这样，既加深了理解，又扩大了学生的词汇量。学生从真实语境中去感知成语的意义，然后结合相似结构的成语进行语素意义的理解，最后带领学生造句，理解与应用相结合，帮助学生形成顿悟，进而掌握成语。

（暨南大学华文学院教学实录，2016）

二、托尔曼符号学习理论对华文教学的启示

（一）华文教学中学习目的与动机的引导

经过严密的实验，托尔曼认为，学习是一种有目的的行为，而不是盲目的。在行为的发端原因和最后产生的行为之间，存在着某些内在的决定因素。其中最主要的决定因素就是行为的目的性和认知性，它们是行为的最后和最直接的原因，这些因素就是托尔曼首次提出的中介变量。托尔曼认为，学习是学习者通过对行为的目标与取得目标的手段、达到目标的途径的认知，形成认知地图的过程。布鲁纳认为，学生的学习是学习者积极主动地进行认知操作活动，形成新的知识结构的过程。

在华文教学中，如何引导学生确定自己的学习目的，并且端正自己的学习动机，是教师需要关注的重点。强烈的目的和良好的学习动机，是取得良好学习效果的重要因素。来自不同地区和不同年龄阶段的学生有着不同的学习目的与学习动机，作为教师需要了解和掌握学生的这些信息，然后进行因材施教和培养。

1. 华文学习目的与动机的了解和把握

华文教学中，教师首先要面对的一个问题就是学生为什么学习华文。根据学习目的与学习动机的调查研究发现，华文学习的目的与动机大致可以分为：①兴趣爱好；②华裔身份，寻根情结；③参加工作；④留学教育；⑤父母意愿。华文教师首先要了解和掌握学生学习华文的动机和目的，根据其目的和动机设计教学内容与教学要求。例如，学生为参加工作而学习华文，通常其学习的动机很足，积极性很高，教学的内容也可以适当增加梯度，并且以商务汉语教学为主；如果学生是因为华裔的身份而学习华文，那么他们学习的动机更多地带有情感的成分，在教学中可以更多地介绍中华文化，展示过去的中国以及现在中国的新图景。

2. 华文学习目的与动机的培养和引导

不同年龄的学生由于认知能力的局限，确定自己学习华文的目的和动机时会有差异。年龄小的孩子，学习华文主要是出于父母的意愿，因此他们没有很明确的目的，学习的主动性会减弱。随着年龄的增长，他们开始形成自己的认知能力和选择判断能力，此时他们对于学习华文的动机会发生改变，有的学生会将学习华文作为一种工具，有的会将学习华文当作一种兴趣，还有的会将华文学习与教育作为自己终生的事业。在这个过程中，教师应当多与学生进行沟通，建立信任，结合学生的实际情况培养和引导学生学习华文的目的与动机，帮助学生成长。

3. 华文学习目的与动机的巩固和延伸

在华文学习过程中，学生的目的和动机也会发生转移或改变。影响学生华文学习目的与动机改变的因素很多，比如汉语学习难度太大，汉语学习兴趣减退，人生目标发生变化，身边伙伴学习方向的转移，等等。华文教育中，教师应该具有敏感性，根据学生阶段性学习成绩的反馈，对学生的学习动机进行巩固和延伸。比如，增加课堂趣味性与提高学生学习的成就感，鼓励学生参加社会实践，用华文创造社会价值，从而使得学生能够更好地认识华文学习的意义，提高学习的积极性。

（二）华文教学中学习材料的优化与创新

根据托尔曼学习的三种定律理论，其中的刺激律和涉及材料呈现方式的定律都强调了学习材料的重要性，即教材的重要性。刺激律，涉及材料本身所固有的条件，其各个部分的属性及其对领悟解决的帮助；涉及材料呈现方式的定律指材料呈现的频率、练习的分布、奖赏的运用等。

目前，华文教育的教材在逐渐丰富和完善，市面上的教材类型也比较多，但是很难找到一本完全适合某特定阶段学生的教材。在教材的选择和使用上，应该遵循以下原则：

1. 内容实用

内容实用，是指教材的内容应该能够为学生的学习和生活服务，能够满足华文学生的学习目的。例如，以商务工作为目的的华文学习，教材应该选择商务汉语；把华文学习当作兴趣爱好的学习，教材应该包含基础语言知识和中华文化知识学习等内容，以满足学生的兴趣。

2. 难度适度

根据学生的水平选择相应难度的华文教材，才能增加学生学习的成就感和自信心。从心理学理论来看，学生的课堂学习必须保证有意义的教学，换言之，学生学习的内容要在其理解能力范围内。

3. 趣味性

学习兴趣的培养涉及很多方面的因素，教师风格、教材内容、教学方式、学习目的等都会影响学生的学习兴趣。其中教材内容的趣味性也十分重要。有趣的教学内容可以吸引学生更多的注意力。

4. 多元互动

传统的教学方法是以教师为中心，教师采用"满堂灌"的方式教学，学生处于被动接受的角色。现代教学更加强调以学生为中心，教师作为引导，增加课堂的互动。互动课堂首先应该体现在教材内容的互动上，好的教材应该合理安排学生参与的互动内容。

5. 优化改进

没有一本教材是完全符合学生需求的，也很难找到一本完全适合学生的教材。因此，华文教学中，根据学生的实际情况对教材进行改进和优化，才能真正实现华文教学的科学化。

扩展阅读 2.13

有些地区的华文教育条件比较艰苦，出于成本考虑，学校没有给学生制定教材，主要依靠老师的自编教材。于是，老师为了给学生讲解中国的文化特色，就以中国的菜名作为教学内容，其中教学了"宫保鸡丁""蚂蚁上树""油焖大虾""鱼香肉丝""夫妻肺片""麻婆豆腐"等。老师在教学完以后，要求学生将所学的菜名作为目标词汇进行书写和掌握。

从实用性的角度来看，这位老师的教材编写是不恰当的。首先这些词汇在学生的日常生活中是很难用到的，其次这些词汇对于学生学习新词没有帮助。

从难度适度的角度看，这位老师的教材编写也是不合理的。以上这些菜名无论是长度还是拼写都比较难，超出了初级水平学生的认知能力，而且使用频率都比较低。正确的做法是可以按照"蔬菜"这个主题进行教学，以学生生活中常见的蔬菜作为教学内容，能够更加符合学生的实际需求。

（暨南大学华文学院教学实录，2013）

（三）华文教学中学习者的自我特征认识和能力提升

托尔曼提出了能力律，强调涉及学习者的特性、能力倾向和性格特点，这些决定着学习者能够成功掌握的任务与情境的类型。

学习者的自我特征认识是华文教学中容易忽视的一点，自我特征认识是元认知的基础，也是学习自我监控的前提。华文学习不仅仅是一个学习语言知识的过程，更是一个学习者的自我认知过程。在华文学习中，教师应当对学生从年龄、性格、性别、语言背景和学习动机等方面进行分析，从而优化教学方案，提高教学的针对性；作为学习者同样需要根据自己的学习动机、学习态度、性格特征、学习能力等制订学习计划，选择合理的学习方法。

三、布鲁纳发现学习理论对华文教学的启示

（一）华文教学中的新型模式构建——发现法教学模式

布鲁纳认为，学习知识的最佳方式是发现学习。所谓发现学习，是指学生利用教材或教师提供的条件自己独立思考，自行发现知识，掌握原理和规律。布鲁纳认为，尽管学生所学习的知识都是经过人类长期的实践已经知晓并证明了的事物，但是学生

依靠自己的努力独立地认识并总结出原理、规律，那么对学生而言，这仍然是一种"发现"。

发现法教学模式是根据发现法学习提出的，其指导思想是教师不应当让学生处于被动接受知识的状态，教师要为学生提供一定的材料，创设问题情境，引导学生独立地自己发现解决问题的方法，从中发现事物之间的联系和规律，获得相应的知识，形成或改造认知结构的过程。发现法教学没有一个固定的程序和模式，灵活性和自发性都很大，具体采用什么材料和组织形式要视不同华文学生的特点和华文课程的具体内容而定。

1. 发现学习的认知基础

根据布鲁纳的分析，学习每一门学科都包括三个"几乎同时发生的过程"，即获得新知识、转化新知识、评价新知识。

获得新知识即联系，是指学习者运用已有的认知经验，调动已有知识，理解新知识所描绘的事物或现象的意义，从认知结构上使新知识和已有知识之间建立各种联系。

转化新知识即重构，是指学习者对新学的知识进行分析和深化，用获得的新知识对原有的认知结构进行重构，建立新的知识认知结构。

评价新知识即验证，是指学习者对新知识的转化过程和结果的检阅与验证。

2. 发现法教学与传统课堂教学的比较

发现法教学与传统课堂教学存在较大差异，下表列出了发现法教学与传统课堂教学的区别及特点。

发现法教学与传统课堂教学的比较

项目	传统课堂教学	发现法教学
教学内容	围绕某一个知识项目展开	围绕一个问题情境展开
教师的角色	教师是主导者，以教师的讲解为主	教师是引导者，以学生的"发现"活动为主
组织形式	"教师讲—学生坐着听"的固定组织形式	没有固定的组织形式

3. 发现法教学在华文教学中的具体操作步骤

根据布鲁纳提出的发现法教学的基本步骤并结合华文教学的特点，提出发现法教学在华文教学中的具体开展步骤，并以具体案例作为分析。

第一，提出和明确使学生感兴趣的华文学习问题。

第二，让学生理解问题，并体验到问题的开放性，激发学生的学习动力。

第三，提供与问题相关的各种素材，比如在学习过程中需要使用到的生词或者句型。

第四，教师作为引导者，为学生提供一定的分析思路，并监控学生的完成过程，提供咨询并把控大局。

第五，教师统领全局，对学生的推论进行协助和审核，并引导学生综合比较结论，得出最佳方案。

扩展阅读 2.14

教师给学生一个问题情境："如果你是一名中国导游，你将如何服务好顾客？"要求学生分组策划并进行角色扮演。

第一步：教师先用幻灯片简单介绍中国的一些景点和中国旅游的相关背景，然后提出问题："如果你是一名中国导游，你将如何服务好顾客？"再帮助学生进行分组。教师提供给学生一些基本的背景知识和语言材料，例如提前将旅游景点的名字准备好，将常用的旅游方式和相关的词汇准备好，并提供导游常用的相关句型以及参考词汇。

第二步，让学生进一步理解问题，先做问题调研，询问学生有没有去过中国旅游，怎么去的，感受如何，遇到了什么困难，觉得还有哪些地方需要改进。如果学生没有去过中国，可以让学生发挥想象，想象到了中国旅游会是什么情景，从而激发学生对该问题的参与热情。

第三步，教师将之前准备的资料发给各小组，小组开始讨论方案，并分角色。

第四步，教师在每一个小组中间来回走动，观察需要帮助的学生，甚至可以作为成员暂时参与到各小组，一方面帮助反应比较慢的小组，为他们提供思路和指导，同时及时跟进反应比较快的小组，对他们提出的比较好的方案和观点给予肯定；另一方面为同学们在表达上出现的困难提供帮助，比如有的小组想要表达"载客"但是不知道用什么词，有的小组想要表达预订房间，或者寻找特色小吃等等，在词汇方面拿不定的时候，教师可以及时反馈。

第五步，当学生的方案快要成熟的时候，教师可以帮助审核优化，指出其中的不足，并提出修改建议。当所有的组都完成方案以后，开始进行表演。

最后，当学生表演完以后，教师对活动进行总结，评选出最佳的小组。同时，教师对于活动中的华文使用情况进行点评，表达不恰当的地方给予更正，表达很出彩的地方给予肯定和强化，使学生更加深刻地掌握学习到的知识。

（暨南大学华文学院泰国汉语志愿者教师华文教学实录，2015）

4. 在发现法教学过程中教师的主要任务：授之以渔

发现法教学有别于传统教学模式，对教师的要求比较高，教师需要明白自己的角色，及时激发学生，调动课堂气氛，迅速反馈问题。具体来讲，华文教师主要有以下任务：①鼓励学生有发现的自信心，信心是学生学习效果的保障；②激发学生的好奇心，使之产生求知欲；③帮助学生寻找新问题与已有经验的联系；④训练学生运用知识解决问题的能力；⑤协助学生进行自我评价；⑥启发学生进行对比。教师的主要任务在于引导学生去发现和对其发现技巧与方法的培养，而不是直接教给学生解决问题的方法。

5. 发现法教学在华文学习中的优点

首先，发现法教学有利于华文知识的记忆保持和提取。知识的保持在于运用，每一次使用都是对知识的回顾和提取。华文学习是语言的学习，因此更需要经常使用和巩固，发现法开放式的教学模式让学生更多地参与到华文的学习和使用中，能够有效地加深学生对华文知识的记忆。

其次，发现法教学有助于培养学生学习华文的内在动机。学生学习的动力是建立在不断获得成就感基础上的。发现学习以学生为主体，激发学生的创造性思维，鼓励学生大胆表达，协助学生取得成果，学生在学习使用华文解决问题的时候，会不断获得成就感，其信心会不断提升，华文学习的内在动机也会提升。

最后，发现法教学能提高学生的智慧潜能，培养学生的思维能力。使用发现法教学，有助于学生借助华文进行思考，不仅巩固华文知识，而且锻炼学生的思维能力、知识整合能力和逻辑表达能力。

（二）华文教学中华文知识类目与系统的建设

布鲁纳强调学习的结果是形成认知结构，因此他强调在学科知识的教学过程中促使学生掌握学科基本结构的重要性，认为教学的最终目标是促进"对学科结构的一般理解"。所谓学科的基本结构，包括基本概念、基本原理及其内部规律。布鲁纳提倡将学科的基本结构放在编写教材和设计课程的中心地位。

这一理论启发我们在华文教学中要善于帮助学生建立起华文知识系统，即华文的知识体系。华文知识体系的建立有助于学生在宏观上对华文知识模块的把握，形成华文知识的认知结构，并且形成华文与其母语之间的系统对比。索绪尔认为语言就是一套系统，因此要对比两套系统，必须先建立起对系统的整体认识。

华文知识系统的建设可以以语音、词汇、短语和语法为坐标，再将各个项目细化，如下图所示：

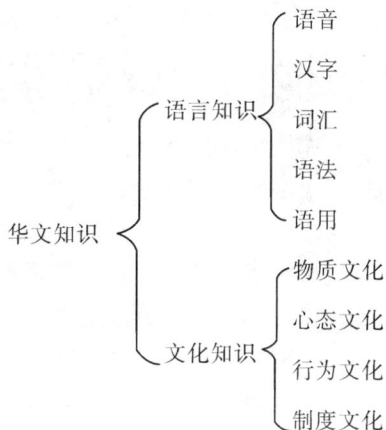

华文知识的分类

（三）华文教学中的自发式学习与创造性培养

以下案例说明了在汉字教学中自发式学习的特点。

扩展阅读 2.15

汉字的学习一直是华文学习中的重点和难点，学生对于方块字的书写感到十分棘手。但是，在汉字的学习过程中，书写汉字又是必不可少的。在华文学习中很多学生喜欢使用拼音代替汉字来记笔记，尤其是刚开始学习汉语的学生。但是，使用拼音代替汉字记笔记的弊端是学生使用汉字的频率低，这其实是一种规避策略。要解决这一问题的最好办法就是在初期加强学生对汉字的学习，帮助学生打好基本功。有位华文教师在教授初级汉语水平的学生学习汉字的时候，刚开始时每次给学生布置作业，都要求学生将每个汉字写20遍，然后第二天进行听写，写错了让学生"罚抄写错误汉字"。然而效果并不理想，而且学生经常抱怨作业太多，有抵触情绪。后来老师改变了策略，告诉学生回去练习写生词，并不严格要求学生写多少遍，同样第二天听写，但凡是听写错误的汉字都要罚抄20遍。做了这种简单的调换后发现效果非常好，学生为了不写罚抄的20遍，会很认真地练习写汉字，这时候已经不仅仅是为了完成作业而去抄写汉字，而是为了记住汉字去练习写汉字，主动性加强了，动机更强烈了，记忆效果更好了，所以出错的人反而减少了。这也达到了教学的目的，不是为了让学生抄写汉字，而是为了让学生记住汉字。

（暨南大学华文学院教师访谈，2014）

四、奥苏贝尔同化学习理论对华文教学的启示

（一）有意义的接受学习意识在华文课堂中的实施

奥苏贝尔认为，学生的学习主要是有意义的接受学习，是通过同化将当前的知识与原来的认知结构建立实质的、非人为的联系，使知识结构不断发展的过程。奥苏贝尔所谓的有意义学习，是针对机械学习而言的。所谓实质性联系，是指新符号或符号所代表的新知识观念能与学习者认知结构中已有的表象、有意义的符号、概念或命题建立内在联系，而不仅仅是字面上的联系。例如学生在学习"白菜——一种蔬菜"这个概念的时候，应该已经学过了"蔬菜"，这样学生就可以很快地将白菜归类到蔬菜中去。

有意义的学习在华文课堂中的应用体现在两个方面：第一，学习的新知识在学生的理解范围之内。例如听说课，教师选择的听力材料应该是学生能听懂的，或者稍微提示一下就可以听懂的内容，这样学生才能够进行有效的学习。第二，新学的知识应该建立在已学习知识的基础上，即学习内容要有梯度，前面的知识可以为后面的知识做铺垫，打基础。例如，在学习拼音的时候，我们建议先学习韵母，再学习声母，原因是单韵母发音更加简单，学习更容易。学习韵母时，我们可以配合声调来教学，学习内容相对丰富。此外，韵母学习可以和一些简单的汉字相结合，既具有实际意义，同时趣味性又更强。从韵母教学入手，再教学声母，这样可以声母韵母结合起来拼读，新知识的学习和已有知识的学习有机结合，更加符合华文教学规律。

从宏观上看，华文教师在拿到一本教材之后，应该通读教材，理清教材章节内容之间的关系，看是否具有承接性，是否遵守了先易后难原则，以及还需要提前增加哪些知识更有助于教材知识的学习。

（二）"先行组织者"在华文课堂中的应用

"先行组织者"策略是奥苏贝尔对知识教学的独特贡献。教师在讲授新知识之前，先给学生提供一些包摄性较广的、概括水平较高的学习材料，用学习者能理解的语言和方式来表述，以便给学习者在学习新知识时提供一个较好的固定点，将它与原有知识结构联系起来，这种预先提供的起组织作用的学习材料就叫作"先行组织者"。

扩展阅读 2.16

在东南亚，很多语言中定语和中心语的位置关系，是中心语在前，定语在后。比如泰语和印尼语。那么在给学生讲解华文中定语和中心语的语序语法点时，可以先用对比的方法告诉学生华文的定语和中心语的语序和他们的母语的语序正好相反，提醒

他们在学习的过程中有意识地将定语放在中心语前面。然后再举一个简单的例子，如"形容一个老师很漂亮"，用泰语表述为"老师漂亮的"，而华文会说"漂亮的老师"，这样学生就会根据自己母语的特征反向推理记住华文的语法特征。

（暨南大学华文学院教师访谈，2012）

以上便是"先行组织者"策略在华文课堂应用中的简单介绍。

五、建构主义学习理论对华文教学的启示

（一）建构主义在华文学习中的应用

20世纪90年代以来，随着心理学家对人类学习过程认知规律研究的不断深入，认知学习理论的一个重要分支——建构主义学习理论在西方逐渐流行。建构主义是学习理论中行为主义发展到认知主义以后的进一步发展，被誉为当代教育心理学中的一场革命（Slavin，1994）。

皮亚杰认为，学习是一种"自我建构"。建构主义提出了自己独特的学习理论，由于内部派系林立，还没有形成一个基本统一的理论体系，但是其核心内涵却大同小异。简单地说，建构主义强调：①情境的重要性；②先前知识对新学知识的支撑；③意义获取和意义系统的构建；④智力的发展和主动性的发挥。

建构主义的教学思路是：①注重在实际情境中进行教学。建构主义注重引导学生解决实际问题，因此强调创建与学习有关的现实情境，提供复杂的、可信度高的学习环境，从而使学生在最真实的语境下建立对知识的认知结构。②注重以学生为中心进行教学。建构主义认为，学生是信息加工的主体，是意义的主动建构者，而不是外部刺激的被动接受者和被灌输的对象。因此教师应该作为学生学习活动的促进者而不是知识的授予者，通过教师的调节，引发学生的好奇心，最后调动学生的积极性。③注重协作学习。建构主义认为，学习是学习者通过自己的方式建构对事物的理解，这个理解会因人而异，不存在唯一的标准，因此不同学习者之间的合作与交流有利于视野的开阔和理解的多元化。随着互联网和移动终端的发展，网上建构主义的教学设计也得到了发展。④注重提供充分的资源。这主要是指在教学设计中提供更多有助于学生意义理解的信息。

总之，建构主义的教学设计强调以学生为中心，认为学生是知识意义的主动建构者，教师只对学生的意义建构起帮助和促进作用，应注重发挥学生的首创精神，让他们在不同情境下应用所学的知识并实现自我反馈。同时，强调"情境"对意义建构的作用，重视教学中教师与学生以及学生与学生之间的相互作用，倡导协作学习与交互式教学；强调对学习环境的设计；强调利用各种信息资源来支持学生的自主学习和协作式探索；强调学习过程的最终目的是完成意义建构而非完成教学目标。

在华文教学中，词汇学习伴随着学习者学习过程的始终，根据建构主义的观点，词汇的学习与句子的学习是分不开的，即要将词汇学习放入具体的语境中去学习。下面两个都是典型的建构主义教学案例。

扩展阅读 2.17

"究竟"的学习

一位老师在教授学生"究竟"的意义和使用的时候，先不给学生讲解其意思，而是通过具体的情境让学生自己理解并建构词汇的意义。

首先，老师跟学生做一个小游戏，叫作"猜猜你是哪国人"。老师先选择了一位泰国学生，问他："你是美国人吗？"学生回答："不是的。"老师又问："你是英国人吗？"学生回答："不是。"老师再问："你是印尼人吗？"学生回答："也不是。"老师带着重音开始问："你究竟是哪国人？"学生说："我是泰国人。"

然后，老师选择了一位参加运动会跑步项目的同学问他："你参加了羽毛球比赛吗？"学生说："没有。"老师接着问："你参加了跳远吗？"学生说："没有。""那你参加了拔河吗？"学生说："不是的。"老师又调整了一下，开始问："你究竟参加了什么项目？"学生回答："我参加了跑步。"

最后，老师问全班同学："我们班一共有5个人吗？"学生回答："不是的。"老师接着问："我们班有10个人吗？"学生回答："不是的。"老师再问："我们班有20个人吗？"学生回答："没有。"老师又调整了一下，问："我们班究竟有多少人？"学生回答："我们班有15人。"

接下来，老师问学生："你们理解'究竟'是什么意思了吗？"学生回答："差不多理解了。"老师再为学生解释一遍"究竟"的意思，然后给学生几个情境，让学生用"究竟"来对语境进行造句。

（暨南大学华文学院教师访谈，2011）

扩展阅读 2.18

"一……就……"句型的学习

老师先表演一个拿起杯子喝水的动作，然后问学生："我刚才做什么了？"学生回答："喝水了。"老师问："喝水之前先要做什么？"学生说："拿起水杯。"老师问："谁可以试着用'一……就……'的句型来说这个句子？"学生说出"老师一拿起杯子就喝水"的句子后，老师接着表演了另外一个动作。老师翻开书，然后开始写字。老师问学生："老师刚才做什么了？"学生回答："写字了。"老师又问："老师写字之前在做什么？"学生回答："打开书。"于是老师又鼓励学生用"一……就……"的句型造句。等学生跟着老师完成了几轮的造句练习以后，老师再向学生解释这个句型的意思和用法，并强调这个句子是表示两个先后的动作时间上非常近。解释完以后，老师给出几个情境，让学生自己用"一……就……"句型造句。

（暨南大学华文学院教师访谈，2013）

（二）建构主义学习理论对华文学习者的要求

建构主义学习理论认为，学习者需要具备及需要培养的能力主要包括：对新知识的好奇心；独立的思考和理解能力；根据情境进行推理和归纳的能力；合作的意识；对知识的整合能力。

第三节　其他派别学习理论

一、加涅的累积学习理论

（一）累积学习理论简介

由于联结派学习理论与认知派学习理论都有局限性，因此，西方部分心理学家提出了折中主义的学习理论，他们将学习分为包括简单的联结学习与复杂的认知学习的若干层级，力图将两大派调和起来以说明学习的全貌。加涅就是折中主义学习理论的代表人物之一。加涅认为："学习是反映人的心理倾向和能力的变化，这种变化要能持续一段时间，而且不能把这种变化简单地归结于生长过程。"尽管加涅提出涵盖了联结学习与认知学习的学习层级分类模式，但他主要是从学生学习的角度考察学习过程。

（二）累积学习理论中学习的过程与条件

1. 动机阶段的条件

加涅认为，通过使学生内部形成一种期望，可以使学生形成动机。为了使学生形成这种期望，教师往往需要做出安排，在学生实际获得有关知识技能之前，先让学生能够达到某种目标，以便向他们表明，他们能够达到预期的目标。形成动机或期望，是整个学习过程的预备阶段。

2. 领会阶段的条件

注意是这一阶段的内在条件，当学生把所注意的刺激特征从其他刺激中分化出来时，这些刺激特征就被进行知觉编码，储存在短时记忆中。这个过程就是加涅所讲的选择性知觉，要使学生能够进行选择性知觉，外部刺激的各种特征必须是可以被分化或辨别的，学生只有对外部刺激的特征做出选择性知觉后，才能进入其他学习阶段。

3. 习得阶段的条件

习得阶段先对新获得的刺激进行知觉编码后贮存在短时记忆中，然后再把它们进一步编码加工后转入长时记忆中。在短时记忆中暂时保存的信息，与被直接知觉的信息是不同的，在这里，知觉信息已被转化成一种最容易贮存的形式，这种转化过程被称为编码过程。当信息进入长时记忆时，信息又要经历一次转换。这一编码过程的目的是为了便于保持信息。如用某种方式把刺激组织起来，或根据已经习得的概念对刺激进行分类，或把刺激简化成一些基本原理，这些都会有助于信息的保持。不同的教学方式对编码的过程也具有一定影响。

4. 保持阶段的条件

加涅认为，相对于其他阶段，我们对保持阶段了解得最少，因为最不容易对它进行调查。但有几点目前是清楚的：第一，贮存在长时记忆中的信息，其强度并不因时间递增而减弱；第二，有些信息因长期失用而逐渐消退；第三，记忆贮存可能会受干扰。新旧信息的混淆，往往会使信息难以提取。因此，如果对学习条件作适当安排，可以减少干扰的可能性，从而对信息保持起一定的影响。

5. 回忆阶段的条件

相对其他阶段而言，回忆或信息提取阶段最容易受外部刺激的影响。教师可以利用各种方式使学生得到提取线索，这些线索可以增强学生的信息回忆量。[①] 但作为教师，最重要的是指导学生自己提取线索，从而成为独立的学习者。

6. 概括阶段的条件

一般来说，学生学习某件事情时经历的情境越多，迁移的可能性也就越大。但加涅指出，学生必须掌握其中的规则，即要从一般意义上来理解这些原理。教师需要提供有利于把学习内容用于新情境的提示。"教学生迁移"就是给学生提供在不同情境中运用提取过程的机会。同样，让学生在不同情境中学习，是学习过程中迁移阶段的重要条件之一。

7. 作业阶段的条件

学习过程需要有作业阶段是不言而喻的，因为只有通过作业才能反映学生是否已习得所学习的内容。对有些学生说来，作业的一个重要功能是为了获得反馈；但在有些学生看来，通过作业能看到自己学习的结果，从中获得一种满足。

8. 反馈阶段的条件

当学生完成作业后，他马上意识到自己已达到了预期的目标，这时，教师需给予

---

① 施良方. 学习论［M］. 北京：人民教育出版社，1996：318.

反馈，让学生及时知道自己的作业是否正确。所以，反馈阶段是受外部事件影响的，而且，信息反馈也并不一定要使用"对""错""正确"或"不正确"这类词汇。在课堂教学中，教师可以使用许多微妙的方式反馈信息。

（三）累积学习理论中学习的结果与条件

1. 言语信息的条件

对于言语信息的学习，加涅认为其内部条件是：在学习者的记忆中，需要出现某些先前学会了的信息，而这些信息是以某种方式互相联系起来的，即已有的知识结构。另外，学习者还要具有编码的策略。言语信息学习的外部条件是：首先，要使言语信息以不同的方式呈现，使它能引起注意、知觉和选择；其次，要使言语信息在一种有关的、有意义的背景下呈现，并做有效的编码。

2. 智力技能的条件

加涅认为智力技能学习的内部条件包括：①作为新技能组成物的过去习得的技能；②用以回忆这些技能并把它们结合成为一种新形式的那些过程。智力技能学习的外部条件主要有：①在智力技能学习时，最重要的是回忆作为前提条件的技能，因为它们是新技能的组成部分；②在一些次级技能组成一个新的、较复杂的技能时，呈现言语线索使部分技能的组合有一定的顺序；③要注意对学习的智力技能做及时的复习，并安排好做间断复习的时机；④运用各种前后关系促进技能做纵向、横向的迁移。

3. 认知策略的条件

认知策略学习的内部条件是：首先学习者必须能够回忆其先前已经学过的一些规则，其次是要激活并运用学习者掌握的及其先前已学会的那些认知策略。加涅指出，认知策略的学习不是一下子就能掌握的，因此，认知策略学习的外部条件是要有较多机会进行练习。认知策略的学习要把语言描述与实际解决问题的过程结合起来。另外，在认知策略的学习过程中，还要注意及时反馈。

4. 动作技能的条件

动作技能学习的内部条件是：首先必须学会这个动作技能的程序和顺序；其次是对该动作的各个组成部分分别进行操作的学习和练习。动作技能学习的外部条件主要有：①在动作技能学习中，回忆作为组成部分的动作技能；②提供言语的或其他指导，以向执行的路线提供线索；③安排反复的练习；④提供直接而精确的反馈，强化所学的动作技能。

5. 态度的条件

加涅认为态度获得的内部条件是学习者具备适合于那种行为的一些才能，尊重或崇拜所模仿的那个人。态度获得的外部条件主要是：①在选择某项行动时，对已有的成功经验进行回忆，激励学习者建立对成功的期望。②运用学习者尊敬的或"认同"的榜样人物进行示范教育。③运用学习反馈阶段的对建立态度或改变态度的强化作用。

（四）累积学习理论对华文教育的启示

加涅的信息加工学习模式表中显示了记忆的一个重要环节就是信息由短时记忆转化为长时记忆。累积学习理论强调：第一，贮存在长时记忆中的信息，其强度并不因时间递增而减弱；第二，有些信息因长期失用而逐渐消退；第三，记忆贮存可能会受干扰。新旧信息的混淆，往往会使信息难以提取。累积学习理论对华文教育的启示有以下三点：

（1）在华文教学中，对于重点知识的学习，教师应该通过多次重复加深学生的印象，将知识点由短时记忆转化为长时记忆，这样才能保证学生对知识长时间的掌握，提高学生的记忆水平。

（2）在华文教学中，经常性的复习是必不可少的环节。在学习新知识的时候也要注重旧知识的学习，让学生不断巩固已学知识。例如，学习汉字的时候可以经常带领学生复习拼音，可能学生在学习拼音的时候有些点还掌握得不是很好，但是在多次复习中会逐渐加深理解。华文学习是一门语言学习，因此操练是最好的复习方式，教师设置情境，引导学生操练，鼓励学生日常使用汉语进行沟通和交流也是很好的方式。

（3）在华文教学中，建立新旧知识联系。新学知识只有与旧知识之间建立联系，才能成为一个有机的整体，进入长时记忆以后，能够保持更长时间。更重要的是有利于知识的融会贯通和及时提取。但是应该注意，相似知识点之间建立联系时，要重点加以比较和区分，避免混淆。

二、人本主义学习理论

（一）理论简介

人本主义的学习理论，是以人本主义心理学的基本理论为基础的。该理论认为教育与教学过程就是要促进学生个性的发展，发挥学生的潜能，培养学生学习的积极性与主动性。学习的目的和结果是使学生成为一个完善的人，一个充分起作用的人，也就是使学生整体人格得到发展。人本主义者提出，教育的目标应该以学习者为中心，以促进学生个性的发展和潜能的发挥，使他们能够愉快地、创造性地学习和工作，一句话，就是要培养积极愉快、适应时代变化的心理健康的人。

具体说来，就是要使学生通过学习成为这样的人："能从事自发的活动，并对这些活动负责的人；能理智地选择和自定方向的人；是批判性的学习者，能评价他人所做贡献的人；获得有关解决问题知识的人；更重要的，能灵活和理智地适应新的问题情境的人；在自由和创造性地运用经验时，融会贯通，灵活处理问题的人；能在各种活动中有效地与他人合作的人；不是为他人赞许，而是按照他们自己的社会化目标工作的人。"人本主义心理学家认为，当代最有用的学习是学习过程的学习，即让学习者"学习如何学习"，学习的重点是"形成"，学习的内容则是次要的。一堂课结束的标志,不是学生掌握了"需要知道的东西",而是学会了怎样掌握"需要知道的东西"。

(二)人本主义心理学家提出了促进意义学习的基本条件

强调以学生为中心,突出学习者在教学过程中的中心地位。人本主义心理学家认为,教师最富有意义的角色不是权威,而是"助产士"与"催化剂",教师应由衷地相信学生有潜在的能力,注重发挥学生的潜力,强调在教育中建立师生亲密关系和依靠学生的自我指导能力,由学习者自我发起并负责任地参与学习过程,让学生自己选择学习方向,参与发现学习资源,阐述自己的问题,决定自己的行动路线,自己承担选择的后果,自我评价学习效果等,注重让学生在自我指导下自由地学习,从而在最大程度上促使学生从事意义学习,使学生在学习中感到自信,使其独立性、创造性和自主性得到发展。

让学生觉察到学习内容与自我的关系,一个人只会有意义地学习他认为与保持或增强"自我"有关的事情,而这种相关性将直接影响到学习的速度和效果。简单地讲,就是让学生意识到所学习内容的重要性和作用,使学习变成一种积极主动的过程。

为学生营造一个和谐、融洽、充满关爱和理解的氛围。这种氛围由师生之间逐步扩大到学生之间。这种促进学生成长的氛围,不仅使学生学习更深入有效,而且会影响学生的生活。罗杰斯(Rogers)认为,处在这样一种氛围中学习,学习过程对学习者自我的威胁就会降到最低限度,学生会利用各种条件进行学习,以便增强和实现自我。然而,如果在学习中受到羞辱、嘲笑、辱骂、蔑视或轻视等,则严重威胁到学生的自我,威胁到学生对自我的看法,会严重干扰学习。

强调要注重从做中学。人本主义学习理论认为,大多数意义学习是从做中学的,让学生直接体验现实问题,在切身体验中学会解决问题是促进学习的最有效的方式之一,主张构建真实的问题情境,让学生直面对他们个人有意义或与他们有关的问题。因此,要求教师善于构建对学生来说是现实的,同时又与所教课程相关的问题,这样,就会促使学生全身心地投入学习。

扩展阅读 2.19

安迪是一个性格内向的学生,但是学习很用心。有一次上课,老师让同学们扮演角色朗读课文,安迪很积极地举手并被老师选中了。在朗读课文的过程中,由于发音不标准,安迪将"壁虎"发成"屁股",引起了同学们的哄堂大笑,有几个调皮的学生还不断重复。安迪变得很紧张,紧接着又出现了几个错误,又引起了同学们的大笑,最后安迪没能将课文读完。老师当时没有意识到问题的严重性,但是后来发现安迪再也没有在课堂上发言了，即使老师点名让他发言，他也会变得很紧张而语无伦次。后来老师跟安迪进行了一次深度沟通，才发现安迪不发言的原因是害怕在课堂上出错，引起同学们的嘲笑。于是老师开始注意引导同学们对待错误的态度。老师先讲了自己学习外语时经常出现错误的情况，以及自己是如何面对的，鼓励同学们要敢于尝试，敢于犯错误，不要害怕出丑，并告诉大家，学习语言就应该大胆开口说，哪怕说错了也不怕。老师发现班上的氛围活跃了很多，也变得轻松了，大家都敢于尝试开口说汉语，并且积极回答问题。

（暨南大学华文学院教师访谈，2012）

（三）人本主义学习理论经典的教学模式

人本主义心理学家提出了一些课堂教学设计模式，主要有以下三种：

1. 以题目为中心的课堂讨论模式

这是人本主义心理学家将精神分析心理学家、群体心理治疗专家科恩 1969 年创建的"以题目为中心的相互作用心理疗法"应用于学校教育而形成的一种教育模型。其主要做法是围绕一个题目进行群体讨论，让师生之间、学生之间相互影响，相互促进。这样，要求教师提出有利于促进课堂讨论的课题，找到讨论的课题与群体中正发生问题的接触点；善于运用各种方式促进课堂讨论，要在教学中体现一种真正的人本主义的能力，如能允许其他人提出不同的意见，表现出对学生真诚的尊重，能采纳相反建议等。

该模式运用的原则是：

（1）投入与真实。强调学生将情感与思想乃至全身心都投入到课堂的群体讨论中，要求发言者结合他最近在生活中遇到的问题进行讨论，使讨论中每个人的参与度更高。

（2）个性表达。强调学生在课堂群体讨论中的个别性与独特性，引导每个学生发现自己，鼓励学生在讨论中表现自身的与众不同，教师要表现出对每个学习者的见解都有兴趣，力图使课堂情境对每一个学生都富有个性化的意义。主张每个人都应用"我的感受"与"我确信"这种措辞参与讨论。

（3）发散。不要长时间集中于某一个讨论题目，以免产生超饱和的状态与疲劳感，允许学生偶然离题，使学生能较好地注意核心题目。

2. 自由学习的教学模式

罗杰斯认为，教师应最大限度地给予学生选择与追求最有意义的学习目标，主要做法如下：

（1）学生参与决定学习的内容与授课方式。学生可以决定他们希望授课的形式、时间、主题、讲授材料，教师请学生提出他们希望的授课方式与希望学习的内容。

（2）学生选择信息源。学生的学习可采用不同的方式和从不同的信息源来获取学习的内容。如郊游、专家咨询或与学者的交流，以及利用录音、录像等视听设备。利用哪一种方式，从哪种信息源获取知识，应依学生的意愿而做出决定。课堂发言是学生学习的一种重要方式。罗杰斯认为，每个学生都有自己擅长的一方面，通过这种方式，学生可与其他学生分享学习收获。教师在此时的作用是，对讨论加以引导，避免给发言的学生过多压力。

（3）师生共同制定契约。自由学习并不意味着教师撒手不管。教师干预学生学习的教学方法是契约法，这种方法鼓励学生与教师达成一个口头或书面契约，指明学生在这一学期所要做的工作种类和数量，以及圆满地完成这些工作所能得到的分数。罗杰斯认为它会给学生带来一种秩序感和安全感。

（4）课堂结构安排的变通性。罗杰斯主张安排不同类型的课堂结构，甚至同一种类型的课堂结构也可做出不同的安排，以吸引不同兴趣与需要的学生自由地参与，这是意义学习与快乐学习的目的。

（5）由学生进行学习的评定。教师与学生应预先理解什么样的操作水平，如写作水平、解题水平等会得到什么样的分数，然后由学生自己评定分数，如对写作的评分要求学生根据自己的写作基础与自己工作的详细评价进行评分，由学生决定是否喜欢并接受评分的指导者。当教师对一个学生的工作评价明显不同于这个学生的自我评定时，便举行会议共同解决这个问题。

3. 开放课堂的教学模式

这是韦伯于 1971 年提出的，适用于年龄较小的儿童的人本主义教学模式。英国最早尝试了这种模式，之后又受到美国教育界的重视，目前已逐渐在美国的学校里得到较普遍的应用。

开放课堂的典型特点是无拘无束，不拘形式。在实施开放课堂的学校里，学生并不需要把自己限制在某个课堂或中心区域，走进学校以后可以做他想做的事，学他想学的任何科目，如绘画、编织、写作、阅读等。在开放的课堂内，学生自由地从事能激发他们兴趣的活动。课堂不是活动的限制性范围，即使在下课铃响过之后，大多数学生仍然继续他们的活动。在休息时间里，学生可从事任何他希望从事的活动，如可以同其他同学散步或去喂养小动物等。

教师的作用是鼓励和引导学生的活动。尽管这一教学模式的倡导者承认教师的重要性，但他们认为，即使没有教师的监督，学生仍可以从活动中获取知识。因为在这种课堂中，学生所从事的活动是学生自发的，是符合他们的兴趣的，没有任何强迫的色彩。在教育过程中，教师并不是放任自流，尽管他们并不要求某个儿童去从事某项特殊的活动，但是可以对活动提出建议，在临近下课时，要求某个儿童终止他的特别活动。在开放课堂中教师的首要任务是在适当的时间促进儿童与学习的真正材料发生接触，为了完成这个任务，他们必须对儿童进行精确的观察，建立每个儿童的档案，推荐有利于儿童的活动，而且必须知道如何给儿童鼓励与支持。在儿童做决断的时候，教师可给予儿童认知的输入，这种认知的输入是催化性的，符合教育规律，有助于学生获取更多的知识。

总的来看，人本主义提倡的课堂教学模式体现的原则是：尊重学习者，把学习者作为学习活动的主体；重视学习者的意愿、情感与需要；相信学习者能自己教育自己，发展自己的潜能，达到自我实现的目的。

本章内容提要

1. 桑代克认为，学习的实质是经过试误在刺激与反应之间形成联结，即形成S－R之间的联结，学习过程或联结建立的过程是尝试错误的过程。

2. 桑代克提出的三条主要学习律分别是：效果律、准备律和练习律。

3. 练习律认为联结的强度取决于使用联结的频次。一个已经形成的刺激—反应之间的联结，练习和使用越多，强化作用越大，反之则会变弱。练习律由作用律和失用律两部分组成。刺激和反应之间的联结因使用而强化。换句话说，不断地运用刺激情境与反应之间的联结，会强化二者之间的联结，这称为作用律。刺激和反应之间的联结因练习次数中断或不使用神经的联结而削弱，称为失用律。

4. 操作条件反射又称为工具条件反射。斯金纳认为，程序教学可以利用教学工具如机器进行，把每一知识项目编制成知识框面，通过教学机器上的窗口或屏幕呈现给学习者，并能记录学习者回答的对错，出示下一步该学习哪一框面中的知识项目等信息。程序教学也可以编制成书本进行，每页呈现一项问题，并根据学生的回答指示学生下一步该学习哪一页的知识。

5. 斯金纳认为，程序教学是指将各门学科的知识按其中的内在逻辑联系分解为一系列的知识项目，这些知识项目之间前后衔接，逐渐加深，然后让学生按照由知识项目的顺序逐个学习每一项知识，伴随每个知识项目的学习，及时给予反馈和强化，使学生最终能够掌握所学的知识，达到预定的教学目的。

6. 程序教学遵循以下原则：小的步子、积极反应、及时反馈、低错误率、自定步调。

7. 观察学习理论认为，人类的大多数行为是通过榜样作用而习得的：个体通过观察他人行为会形成关于怎样从事某些新行为的观念，并在以后用这种编码信息指导行动。

8. 格式塔心理学家提出了他们对有机体学习的基本看法，环境是一个不断变动的"形"，与之相应，有机体头脑里存在着与环境相对应的一个"同形"，这样有机体能与环境保持平衡。有机体周围的情境发生变化时，有机体头脑中的完形就会出现缺口，在这种情况下，有机体就会重新组织知觉，通过这种组织作用，弥补缺口，产生与这个新情境一致的新的完形，也就是获得了新的经验。有机体这种组织活动就是学习，因此，学习的实质是组织或完形作用。

9. 布鲁纳认为，学习知识的最佳方式是发现学习。所谓发现学习，是指学生利用教材或教师提供的条件自己独立思考，自行发现知识，掌握原理和规律。布鲁纳认为，尽管学生所学习的知识都是经过人类长期的实践已经知晓并证明了的事物，但是学生依靠自己的努力独立地认识并总结出原理、规律，那么对学生而言，这仍然是一种"发现"。

10. 奥苏贝尔认为，学生的学习主要是有意义的接受学习，是通过同化将当前的知识与原来的认知结构建立实质的、非人为的联系，使知识结构不断发展的过程。奥苏贝尔所谓的有意义学习，是针对机械学习而言的。所谓实质性联系，是指新符号或符号所代表的新知识观念能与学习者认知结构中已有的表象、有意义的符号、概念或命题建立内在联系，而不仅仅是字面上的联系。

11. 有意义的学习在华文课堂中的应用体现在两个方面：第一，学习的新知识在学生的理解范围之内。第二，新学的知识应该建立在已学习知识的基础上，即学习内容要有梯度，前面的知识可以为后面的知识做铺垫，打基础。

12. "先行组织者"策略是奥苏贝尔对知识教学的独特贡献。教师在讲授新知识之前，先给学生提供一些包摄性较广的、概括水平较高的学习材料，用学习者能理解的语言和方式来表述，以便给学习者在学习新知识时提供一个较好的固定点，将它与原有知识结构联系起来，这种预先提供的起组织作用的学习材料就叫作"先行组织者"。

13. 建构主义强调：①情境的重要性；②先前知识对新学知识的支撑；③意义获取和意义系统的构建；④智力的发展和主动性的发挥。

14. 建构主义的教学思路是：①注重在实际情境中进行教学；②注重以学生为中心进行教学；③注重协作学习；④注重提供充分的资源。

15. 罗杰斯认为，教师应最大限度地给予学生选择与追求最有意义的学习目标，主要做法是：①学生参与决定学习的内容与授课方式；②学生选择信息源；③师生共同制定契约；④课堂结构安排的变通性；⑤由学生进行学习的评定。

16. 人本主义提倡的课堂教学模式体现的原则是：尊重学习者，把学习者作为学习活动的主体；重视学习者的意愿、情感与需要；相信学习者能自己教育自己，发展自己的潜能，达到自我实现的目的。

复习与思考

一、名词解释
1. "试误—联结"　2. 练习律　3. 经典性条件反射　4. 程序教学　5. 强化
6. 顿悟　7. 发现法　8. 有意义的接受学习　9. 建构主义

二、问答题

1. 试述"试误—联结"学习理论的主要内容。

2. 试述经典性条件反射学习理论的主要内容及其在华文教学中的应用。

3. 什么是程序教学理论？结合华文教学实际，谈谈如何设计课堂教学。

4. 阐述格式塔完形学习理论的主要内容，并举例说明在华文教学中如何应用。

5. 试述布鲁纳发现学习的主要内容及其在华文课堂教学中的应用。

6. 什么是"先行组织者"？结合实际谈谈如何利用"先行组织者"进行华文词汇教学。

7. 试述建构主义理论的主要内容及教学思路。

8. 试述人本主义学习理论的主要内容。

延伸阅读

［1］KRASHEN S. The input hypothesis ［M］. London：Longman，1987.

［2］PETER SKEHAN. A cognitive approach to language learning ［M］. 上海：上海外语教育出版社，1999.

［3］ELLIS N. Cognitive approaches to SLA ［J］. Annual review of applied linguistics，1999（19）.

［4］约翰·D. 布兰思福特，等. 人是如何学习的：大脑、心理、经验及学校：扩展版 ［M］. 程可拉，等译. 上海：华东师范大学出版社，2013.

［5］牛强. 论二语习得中将理解和产出合二为一的外语学习策略 ［J］. 外语界，2002（1）.

［6］皮连生. 教学设计 ［M］. 北京：高等教育出版社，2009.

第三章　华文学习动机

学生学习华文不仅需要智力因素的参与，也需要非智力因素的积极参与，非智力因素对学生的学习产生着重要作用。非智力因素是指除了智力与能力以外的但又与智力活动效益发生交互作用的一切心理因素。一般认为，狭义的非智力因素包括那些不直接参与认识过程但对认识过程起直接作用的心理因素，主要包括动机、兴趣、情感、意志、性格等，而动机在各种非智力因素中又处于核心地位。在任何学习阶段，学习动机与学业成绩之间存在着明显的正相关关系。在华校的教育过程中，动机教育成为非智力因素中的突破口，以动机教育带动其他非智力因素的发展，有着重要的指导意义。

第一节　学习动机的概述

一、一般概念

动机（motivation）是由某种需要所引起的直接推动个体活动、维持已引起的活动并使该活动朝向某一目标以满足需要的内在过程或内部心理状态。美国心理学家阿特金森（Atkinson，1964）把动机分成两个层次，即 motive 和 motivation。二者之间存在差异，前者指隐藏的动机，后者指所激发的动机，都能推动个体的行为。

学生的学习行为受到动机的支配和调节，学习活动同样离不开动机在其中所起的激发、调节、维持等作用。学习动机（motivation to learn）是指引起学生学习活动，维持学习活动，并使之拥有一定学习目标的某种动力倾向。学习动机可以作为解释引发、定向与维持学习行为的原因。学习动机的引发作用是指当学生对某些知识或技能产生迫切需要时，就会产生学习内驱力，唤起自身内部的激动状态，产生焦虑、渴求等心理体验，并最终激发学习者的相关学习行为。华校的学生有了足够的学习动机，学习汉语才会有积极性和主动性，将"父母要我学习汉语"变成"我要学习汉语"的主动局面。因此，对于华文教师而言，激发学生学习汉语的动机，提高他们对汉语的兴趣是一项重要的任务。

二、学习动机理论

（一）心理学相关学习动机理论

心理学相关学习动机理论可以分为三大派别，分别是行为主义的联结派、人本主义的人本派和认知主义的认知派。各派在学习动机理论上所持的观点不同，导致其对学习动机的解释也不尽相同。

1. 联结派的行为主义动机观

20世纪初行为主义兴起，代表人物是桑代克、斯金纳，他们认为动机是受到某种强化的结果。联结派学习理论从这一点出发，提出学习行为是由生理上的需求而产生，个体表现出某一行为使需求得到满足，并强化和保留该行为。强化可以增加这种学习行为再次发生的可能性。例如，学生在学习汉语过程中因为学习成绩而得到强化（如通过HSK水平考试并取得好成绩、得到教师或者家长的赞扬等），他们就会在学习汉语的过程中收获较强的学习动机。反之，如果学生的学习没有得到强化（如没有通过考试、受到批评），就会缺乏学习动机，而被惩罚或者被同学嘲笑的学生甚至会设法逃避学习。联结派的行为主义动机理论同其学习理论一样，在其性质上是外控的，即强调学习动机实际上是外部动机，将学习动机作为介于外界刺激和个体反应之间的一个中介过程，"强化论"属于其最具代表性的理论。动机强化论认为，过去受到强化的行为比未受到强化的或者受到惩罚的行为更可能重复发生。强化论的观点与驱力论相反，不认为强化是由身体内在的因素推动的，身体本身只提供了反应的基础，身体做出的行为是由外在环境（各种强化物）控制的，其中斯金纳的观点最有代表性，前面章节已详细介绍，此处不赘述。

联结派的学习强化论把行为的原因归结为外部刺激和外部强化的作用，在一定意义上，它纠正了过分强调本能和天赋的本能论，体现出后天学习的巨大优势，并且通过一些正确的强化手段使得学生的学习动机得到激发，进而完成学习目标，在这些方面都有积极意义。但它将人类行为的原因完全归于外部强化，实际上是否认了个人的主观能动性和自觉性，带有一定的机械性，不利于学生根据自身的情况安排学习任务。

2. 人本派的人本主义动机观

人本主义理论强调人在做出选择，对生活进行控制时的能力和潜能，不同于行为主义，它不使用对环境刺激的强化反应来解释行为。代表人物是马斯洛（A. H. Maslow）和罗杰斯。人本主义心理学家把教育看成是实现人的内在潜能的过程，而内在潜能实现的需要即是动机，强调的是内部动机在学习中的作用，从对外部的关注转向个体的内部动机。马斯洛提出了著名的层次需要理论，将人的需求分为七个层次，分别是生理需要、安全需要、归属与爱的需要、尊重的需要、认知需要、审美需要、自我实现的需要。前四者称为基本需要，即满足自己生存需求的需要；后三者为成长需要，即人们认识、理解、欣赏美和实现个人发展的需要。七种需要从低级到高级有层次地排列着，只有在低一级的需求满足后，才会激励个体产生较高层次的需求，一旦某种需求得到满足后，就不再具有激励作用。因为各种需要之间有先后顺序和高低层次之分，故称为需要层次理论。在这七种需要中，马斯洛认为，自我实现的需要是最重要的，其他需要都是属于次要的手段性质，自我实现才是人生存在的目的。他通过强调需要的作用来解释动机，认为所有的行为都是有意义的，都有其特殊的目标，这种目标来源于我们的需要。该理论如下图所示：

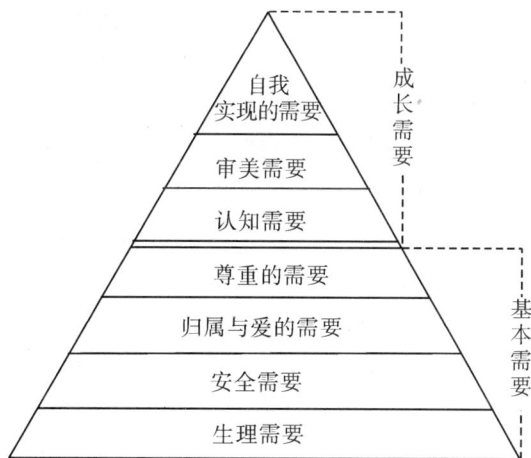

马斯洛的需要层次理论

需要层次理论将学习的内部动机和外部动机结合起来，对教师指导学生学习具有重大的实际意义。例如，当学生连生理和安全需要都无法满足时，是很难获得较高学习动机的，因此，教师在激发学生的学习动机时，需要根据学生的实际情况判断学生处于哪一阶段。教师对学生影响最大的需要就是爱、尊重和关注的需要，如果学生在学习的过程中，感受不到他是被教师或者家长所爱护、尊重的，就不可能会有追求更高认知、审美和自我实现的需要，学生内在的学习动机也不会强烈。身为一名教师，如果能让学生感到被老师喜爱、接受，对于他们更快更好地投入学习具有极大的帮助。因此，在这一点上，该理论对实际教学具有一定的指导意义。

但需要层次理论也存在一些不足。首先，该理论强调先天性，认为人追求成长的需要是先天固有的，由遗传基因决定，人的个性、动机等非智力因素都会受到社会历史条件的制约，避开社会文化、社会制度等，大谈需要层次的满足是不合客观事实的。其次，过分强调只有当低层次的需要满足后才能实现高层次的需要，这就忽视了人的自觉性和主观能动性对自身行为的调节作用。最后，自我实现的界定不清楚，没有准确的依据来确定是否达到了自我实现的需要。整个需要层次理论建立在现象描述的基础上，很多观点带有假设的性质，缺乏客观、科学的验证。

3. 认知派的认知主义动机观

与行为主义相反，认知论关注的不是外显的可观察的行为，而是内在的不可观察的认知因素。认知论的动机作用理论模型为 S－O－R，其中 O 为中介变量，包括思维过程、观念冲突、期望和意图以及对周围环境的理解和认识等。因对中介变量 O 的理解不同，形成了不同的动机理论，代表的有成就动机论、归因论和自我效能论。

（1）成就动机论。

成就动机的研究最早可追溯到 20 世纪 30 年代的默里（H. Murry），他在 1938 年研究"人的需要"时发现，人有一种非常重要的需要，称为成就需要，成就动机是一种"克服障碍，施展才能，力求尽好尽快地解决某一难题"而学习的内在推动力量，即对成就的追求，并编制了主体统觉测验（TAT）来测量这种需要。麦克里兰（D. C. McClelland）和阿特金森继承了默里的理论，并将其发展为成就动机论。麦克里兰从宏观角度对成就动机展开研究，阿特金森则从微观的角度着重探讨成就动机的实质、发生和发展，下面分别介绍两者的理论观点。

麦克里兰的成就动机理论也称为"情绪激发理论"，它带有享乐主义的色彩。他认为，成就动机是一个人人格中非常稳定的特质。如果个体记忆中存在着与成就相联系的愉快经验，当情境能引起这些愉快的体验时，就能激发个体的成就动机。成就动机高的学生会对学习非常积极，能够控制自己不受环境影响，并且能够善于利用时间。成就动机高的人相比成就动机低的人，会取得更优良的成绩。

阿特金森在麦克里兰的基础上建立了成就动机的"期待—价值理论"，即个体既要相信有达到结果的可能性，又要认为结果是有存在价值的，只有抱着这个信念，个体才有动力从事任务。阿特金森还认为人在追求动机时有两种倾向，一种是试图取得成功，另一种是试图避免失败。个体对成就动机的倾向强度，用公式表示如下：

$$Ts = Ms \times Ps \times Is$$

公式中 Ts 代表个人追求成就的倾向，Ms 代表追求成功的动机，Ps 代表对成功可能性的估计（$Ps = 1$，表示确信会取得成功；$Ps = 0.5$，表示估计成功的可能性是 50%；$Ps = 0$，表示确信必然失败），Is 表示成功的激励值。行为的坚持性是成就动机研究中的另一个重要变量，把一个人在成就任务上工作时间的久暂作为衡量成就动机值的一个指标。坚持时间越长，成就动机值就越高。

这个理论对于华文学习者有哪些启示呢？对于华校学生学习任务的布置和难度选择，根据他的理论，给学生的任务既不能太难也不能太简单，难度应该适中，最好只有一半的学生能回答正确。一个学生如果认为他不需要经过什么努力就可以习得第二语言，他的学习动机必然不会高；反之，如果一个学生不论经过多大的努力，都无法学会汉语，他的学习动机一定是最低的。因此，教师在安排学习任务和学习目标时应该考虑学生的情况，设定适中的目标，成功必须在学生可及的范围内，但达到的话需要一定的努力。例如，某华校教师给初级水平的学生设定经过三个月的学习达到 HSK 三级水平，而不是一次考上四级，因为基础不好，目标的设定和时间的控制比较合理，学生学习汉语的动机始终处于合适的层次，将有利于开展下一步的教学安排。

虽然这一理论对于教育实践来说有着重大的指导意义，但它更多地关注动机的内部因素，未能充分考虑到外部社会生活条件对人的成就动机的作用。人的成就动机不仅受到机体内部的影响，同样受到外部条件的制约，可以说，人的成就动机是一种社会性动机，若无法意识到这一点，就不能以科学的眼光看待动机起源的本质问题。

（2）归因论。

归因理论起源于美国心理学家海德（Heider）的关于社会知觉和人际关系的认知理论，后由韦纳（B. Weiner）发展，使其成为动机研究领域中一项重要的理论。海德将行为的原因分为内因和外因，用共变原则说明人类的归因过程。人们将一定的行为可能归结于各种原因，在许多情况下，一个原因总是与一个结果相联系的，如果没有这个原因的话就不会发生这个结果，因此将这个结果的产生归于这个原因。这个理论分析了个体对其活动成败原因的看法以及这种看法对学习动机产生的影响。在学习的过程中，学生业业的成败主要归于能力、努力程度、运气、任务难度等，韦纳将这些原因分为以下三个维度：[①]

①控制源：相对于个体而言的内部或外部，内部原因是个人内部的因素，例如能力、个人的努力，外部原因则是外在于个人的因素，如任务难度、教师的态度等。

②稳定性：某个因素的变化，例如个人能力一般较稳定，但情绪或者一时的运气往往带有不确定性。

③可控性：是个人控制成功或失败的原因的程度，分为可控和不可控。具体情况如下表所示：

归因的三维度模式

	内部		外部	
	稳定	不稳定	稳定	不稳定
可控	典型的努力	一时的努力	教师偏见	他人的帮助
不可控	能力	情绪	任务难度	运气

---

① J. 布罗菲. 激发学习动机 ［M］. 陆怡如，译. 上海：华东师范大学出版社，2005：11－13.

（3）自我效能论。

社会认知心理学家班杜拉最早于 1977 年提出"自我效能感"概念，发表于论文《自我效能：关于行为变化的综合理论》中。班杜拉以期运用自我效能来解释人类行为的启动和改变，它是指"相信自己具有组织和执行行动以达到特定成就的能力的信念"。因此，自我效能并不是个体真正的能力，而是对自己能力的信念，即是否相信自己能够完成这项学习任务，换言之，就是人对自己行为努力的主观推测。自我效能会影响人们对于任务付出的努力、在面临挫折时能坚持的时间、在失败中恢复的能力等。班杜拉总结出影响自我效能感的四个因素：第一，亲身经历的经验，为学习者自己的能力直接提供反馈，尤其是学生过去的成功或失败的经验，这是影响自我效能感的最基本因素。第二，替代性经验，从榜样、观察对象身上学习到相关的经验，当学生观察到和自己水平相似的个体成功时，自我效能感也会提高。第三，言语说服，给学习者提供别人相信他能做什么的信息，例如，教师给学生提供鼓励，让学生觉得自己能够学好中文；在学生考试失败后，给予学生鼓励，增强学生的信心。第四，生理状态，也称为"情绪唤醒"，高水平的唤醒使成绩降低而影响自我效能，只有当人们不为厌恶刺激所困扰时，才可能期望成功。

自我效能理论不仅强调人的认知因素在行为和改变中的重要作用，同时也十分重视强化的作用，将联结派和认知派动机理论的合理处进行吸收，但班杜拉认为的强化和联结派的强化有所差异，提出了"替代性强化"和"自我强化"概念。"替代性强化"指学习者如果看到其他人的成功行为或受到赞扬的行为，他会增强同样行为的倾向；反之，如果看到他人失败的行为或者受到惩罚的行为，他会削弱或者抑制发生同样行为的倾向性。

自我效能理论拓展了强化论中关于强化的含义，将人的认知与行为动机有机结合，使其成为该理论最具生命力之处，突破了联结派的某些局限。在研究方法上，该理论也始终采用科学、严谨的研究方法，使其具有很高的理论价值和实际应用价值。

（二）二语学习动机相关理论

早在 20 世纪 50 年代末，加拿大教育心理学家加德纳（Gardner）和莱伯特（Lambert）就开始了学习动机的研究，到了 90 年代，二语教学领域已经出现诸多外语学习动机理论，主要有：①加德纳和莱伯特关于二语学习的社会心理学理论研究；②德尔涅伊（Dornyei）的外语学习三层次说；③特伦布莱（Tremblay）和加德纳的扩展模式。

1. 加德纳和莱伯特关于二语学习的社会心理学理论研究

最早对第二语言学习动机进行深入研究的是加德纳和莱伯特，他们从 20 世纪 50 年代末，对加拿大高中二年级学生的二语学习进行了研究，经过多变量的因素分析，发现态度、动机和语言能力倾向与第二语言的熟练程度之间呈现出相关关系，在此基础上，构建了"第二语言学习的社会心理学"理论，并将学习动机分为"融合型"

和"工具型"。同时根据外语学习动机模式设计了语言学习动机调查工具——态度/动机测验量表 AMTB（Attitude/Motivation Test Battery），以学习动机作为基石构建外语学习的总体模式。

加德纳和莱伯特在外语学习动机方面的相关研究具有开创性，将学习动机分为"融合型"和"工具型"，丰富了学习动机的分类。但该模式不一定适合外语学习环境，外语学习者的语言学习主要在课堂上进行，接触社会的机会不多，一般不会产生融入目的语社会的强烈愿望。

2. 德尔涅伊的外语学习三层次说

由于加德纳和莱伯特的经典模式无法解释所有语言学习的原因以及学习者的个体差异因素，因此许多学者都在尝试用不同的理论丰富动机学说。其中以德尔涅伊的研究影响最大，该研究重视课堂外语教学环境对学生动机的影响因素，同时注重结合运用社会心理学与主流动机心理学的研究成果，从语言层面、学习者层面和学习情景层面三个维度来界定和测量外语学习动机。

语言层面不仅包括目的语本身的魅力，也包括与目的语相关的许多外在因素，如目的语国家政治、经济、社会及文化环境的状况，学习目的语的实用价值等。这些因素会直接影响学习者的选择和学习目标的确定，包括工具型动机和融合型动机：工具型动机指为了谋职或提高自身修养、改善社会地位而熟练掌握一门外语的愿望；融合型动机指为了参加目的语社团的活动而熟练掌握其语言的愿望。

学习者层面包括成就需要和自信心。成就需要是一个人成就感的表现，追求成就感的学生需要积极进取的精神、坚强的意志，即使遇到困难也不退缩，好的成绩是其自信心的表现，二者形成良性循环。

学习情景层面包括课程、教师和集体特定组件。课程特定组件是指与大纲、教材、教学方法以及学习任务相关的学习动机因素。教师特定组件与教师的性格、风格相关，其中包括教师的亲和程度、教师的权威类型等。集体特定组件与学习者所在的集体有关，包括集体的目标定向、行为规范和奖励体系等。

该理论极大地丰富了加德纳和莱伯特的经典模式，体现了学习动机和教学情境的结合，从多维的角度考察学习动机，开创了学习动机研究的新视角。

3. 特伦布莱和加德纳的扩展模式

特伦布莱和加德纳认为动机是一个动态的过程，这个动态过程类似于第二语言习得的中介语动态过程，动机在变化的过程中有变量在起作用，通过吸收其他动机理论，如马斯洛的需要层次理论，把其中的"需要"用"目标"代替，进一步扩展现有的动机模式。外语学习首先要有感情需要，那就是学生希望得到老师和同学的认可，希望获得好的成绩。学生要求有心理安全感，才能安心地学习。只有感情需要得到了满足，认知需要才能满足。认知需要和外语学习关系密切，学生在学习二语的时候想了解外语本身以及外国文化，满足认知需要意味着学习者要确定较高的学习目标，并愿意为之付出努力，最终掌握外语。

特伦布莱和加德纳在扩展模式基础上提出了"效价"的观点，他们认为学习者能够意识到学习目标，并且明白通过努力可以达到它，使自己受益。效价就是个人对行为目标的意义的估计，人们认为目标实现的可能性大，并且在目标价值大的情况下，人们的动机才会越强。从这个理论可以反思华文教育，如果外语学习者的成败期望决定其语言学习动机的强度，他们觉得成功的概率大，他们就会努力，反之则不努力。对学生来说，学习华文是否有价值，将来是否有用，要花费多长时间来学习，这些因素影响着其学习动机。

特伦布莱和加德纳还提出了"自我效能"观，它意味着人们是否确信自己成功地从事能带来可能结果的行为。自我效能的形成是一个复杂的自我说服过程。如何看待他人的看法、反馈、评价和鼓励，过去的经历和训练等都可以影响到人们的自我效能。自我效能使学生对自己比较有自信，对自己的学习要求也更高，目标比较确定，并且能够持之以恒，最终达到目的。

这一理论是经受了全面实证检验的扩展模式，该模式吸收了很多认知理论的知识，增加了一些认知因素以及课堂教学的情景因素，对传统的动机研究是一种开拓创新。

三、学习动机的类型

按照学习动机的不同表现形式和其所带来的影响效果，同时参照学习动机的具体内容，将学习动机分为以下几类。

（一）内部学习动机和外部学习动机

德西和赖安（Deci & Ryan, 1985）根据学习动机产生的原因，将学习动机分为内部和外部两类，成为迄今为止动机的分类方法中影响最大的分类法。内部学习动机是由学习活动本身的意义和价值引起的，它会给学习者带来成就感和满足感，这种成就感和满足感来源于学习者对任务本身产生的兴趣，换而言之，是学习者在任务开始、经历和结束后产生积极的情感体验，而不是由学习活动外部带来的。学习者自己的兴趣爱好、求知欲等都可以提高学习者的内部学习动机，促使学习者积极主动地学习。例如，学生对汉语感兴趣、喜欢中国文化，而不是父母的意愿，自身对汉语和中国文化的兴趣和爱好促使学生选择学习汉语这条道路，这就是内部动机。

相反，外部学习动机是由学习活动以外的诱因引起的，是与任务本身之外的刺激物相联系的动机，它给学习者带来的成就感和满足感不是因为学习活动本身，而是由学习活动的外部影响带来的。例如，学生学习汉语不是因为自身对汉语的兴趣，而是为了符合父母的期望，希望得到汉语老师的表扬，或者是为了避免因学习失败而受到惩罚等外在的原因，这些动机称为外在动机。"具有内在动机的学习者会主动寻求机会做与外语有关的任务，无须外力推动，而外在动机往往伴随着外在刺激物的消失而减弱或消失，但两者也存在转化。"①

（二）主导性学习动机和辅助性学习动机

根据动机起作用的大小将其划分为主导性学习动机和辅助性学习动机。学习动机的分类虽多样，但是每一种学习动机在某一特定阶段或者时期所占的比重和起作用的大小必然存在不同，在一定时期或者某一特定阶段中的一种或多种动机处于主导、支配地位，这种动机就被称为主导性动机。"对人的活动起着主要作用，制约着活动驱力的大小、久暂以及活动的方向。"②相反，其他学习动机在主导性学习动机的支配地位下，处于从属地位，只是起着辅导作用，这一部分动机可称为辅助性学习动机。

（三）近景性学习动机和远景性学习动机

根据学习动机起作用时间的长短可将学习动机划分为近景性学习动机和远景性学习动机。近景性学习动机也称为直接性学习动机，是指由活动的直接结果引起的对该活动的动机，来源于学习者对学习内容和过程的兴趣，直接与学习活动联系在一起。例如，华校学生努力学习是对中国文化这门课程感兴趣，或者为了通过期末考试，这些都属于近景性学习动机。这类学习动机对学习的促进作用较为明显，但其稳定性和持续性较差，易随环境的变化而变化。学生往往为了某一阶段的临时任务而采取必要的学习活动，一旦任务结束或者兴趣消失便不再积极努力地学习。

远景性学习动机也称为间接性学习动机，它与学习活动的社会意义以及个人前途联系在一起。如学习是为了实现个人对社会、对国家的期望，意识到自己的历史使命和社会责任，这种动机具有一定的社会性和理智色彩，与个人的志向、理想、世界观相联系，与近景性学习动机相比更具稳定性和持久性。

近景性学习动机和远景性学习动机之间是辩证统一的关系，远景性学习动机是在近景性学习动机的基础上发展起来的，同时近景性学习动机也能够提高远景性学习动机的作用，二者在一定条件下可以相互转化。

（四）融入型学习动机和工具型学习动机

加德纳和莱伯特（1959）把学习动机分为融入型和工具型。融入型学习动机指学习者学习汉语是为了与目的语族群的人进行交流，或者是为了更好地理解这些人、他们的文化或生活方式。如果学习者是为了某种实用目的，如为了得到一份好工作或者受到更好的教育，那么就属于工具型学习动机。融入型学习动机实际上是为了掌握语言自身的功能（为了与目的语人群交流），而工具型学习动机注重的是掌握语言之后伴随的一些实际益处，比如学好汉语可以更好地在中国工作或者做贸易。

---

① 金海云. 外语学习动机理论的发展和演变［J］. 外语学刊，2013（6）：128.
② 转引自莫雷. 教育心理学：第1版［M］. 北京：教育科学出版社，2007：301.

扩展阅读 3.1

泰国的中小学放假时间为每年的 3 月到 5 月，泰国的中小学生经常利用假期参加各种活动，其中以参加中国的汉语春令营人数为最多。以中国某高校接受的春令营营员情况作分析，在这些学生中，来华参加春令营的学习动机不尽相同。学生小明，有着华裔背景，爸爸是中国潮汕人，妈妈是泰国人，一家人定居在泰国。因为爸爸是中国人，因此很希望小明能够学好汉语，经常让小明参加来华的游学项目。小明受到父母的影响，多次来到中国，体验了不同地区的文化，同时对汉语也十分感兴趣，在同龄人中汉语水平也较高，他表示以后有机会想要来中国留学。学生小雨和小枫是一对姐弟，父母都是泰国人，非华裔背景，来中国参加春令营活动，纯粹是觉得出国好玩，同时又能够学习汉语、体验中华文化，平时在学校开设的中文课程中只是按照学校规定选修这门课。学生小强来到中国参加春令营活动，最重要的目的是到中国留学，希望借着在中国学习汉语的机会，通过 HSK 三级考试，顺利赴华留学。

（案例来源于暨南大学华文学院"中国寻根之旅"2016 年春令营学生情况）

在以上案例中，每位学生来华学习的动机都不同，小明受到外部学习动机即父母的影响多次来到中国学习汉语，同时也有自身内部学习动机的影响，即对汉语的兴趣，这种兴趣也许能够支撑他高中毕业后选择到中国留学，因此在这位学生身上既有内部学习动机又有外部学习动机。小雨和小枫姐弟，则纯粹是受到外部学习动机的影响，同时也受到近景性学习动机的影响，来中国学习需要通过春令营的结业审核，在这个过程中他们努力学习汉语，等春令营活动一结束这种学习动机便消失。而学生小强来中国学习的目的和需要明确，为了来华留学，其中内部动机是喜欢中国，通过HSK 三级考试成为他当时的主导性学习动机。

可以看出，每位学生的学习动机都不相同，一个学生身上也许出现多种学习动机，这也是学习动机类型多样性的充分体现。

四、学习动机的内部构成

对于教师而言，更应关注学生在课堂中表现出的学习动机，美国著名教育心理学家奥苏贝尔指出："一般称之为学校情境中的成就动机，至少应包括三方面的内驱力决定成分，即认知内驱力、自我提高内驱力和附属内驱力。"他认为，学生所有指向学业的行为都可以以这三方面的内驱力加以解释。

认知内驱力以求知作为目标本身，是指了解、理解和掌握知识以及解决问题的需要，也就是想理解知识、解决问题的欲望。这种内驱力大多是从好奇的倾向中派生出来的，但个体这种倾向也只是潜在的，并没有真正表现出来。这种动机指向学习任务本身（为了获得知识），满足这种动机的回报（知识的实际获得）是由学习本身提供的，因而也被称为内部动机，用以区别外部动机，它是以学习成就之外的目标为动机的指向，并以赢得学习成就之外的奖励为满足。"当前，教育心理学家越来越强调内部动机的作用，他们认为，应该让学生对获得的知识本身发生兴趣，而不是让他们为各种外来的奖励所左右。"①

自我提高内驱力是指个体那种因自己的胜任能力或工作能力而赢得相应地位的需要。这种需要从学生一入学就开始，它将成就看作赢得社会地位和自尊心的根源，对于学生而言是自我提高的部分，是外部动机的重要组成部分，也可称为自我提高的动机。它与认知内驱力不同，并非直接指向学习任务本身，既促使学生把自己的行为指向当时学业上可能达到的造诣，又促使学生在这一成就的基础上把自己的行为指向今后在学术和职业方面的目标。

附属内驱力是指人们为了获得长者们（如家长、老师等）的赞许或认可而表现出来的把工作做好的一种需要。这是一种典型的外部动机。

因此，学生的课堂学习动机中既有内部动机的成分，也有外部动机的成分，课堂教学的一个主要目标应是促使学生对学习活动本身产生兴趣，使之产生内部动机。同时，也不应否认外部动机的作用，应该使二者互相配合，共同发挥激励作用。

第二节　影响华文学习动机的因素

本章的第一节介绍了华文学习动机的一般概念，并对学习动机的类型进行了分类，本节试图探讨影响华文学习动机的因素，包括内部要素和外部要素两种。

一、内部要素

影响学习动机的内部要素，从学生自身出发，主要有：第一，学生的学习目的。学习汉语的目的是与中国人做朋友、对中华传统文化感兴趣还是将来在中国留学工作等都会影响学生华文学习的动机。第二，年龄。学习者的年龄也会对学习动机造成很大的影响，年龄大的学习者在学习华文的过程中自觉性和主动性都较年龄小的强，能够清楚地知道自己选择学习汉语的目的是什么，在学习过程中也能总结出重、难点。随着年龄的增长，心理也逐渐成熟，随之获得内心的满足，并且需求的学习动机也会

---

① 莫雷.教育心理学：第1版［M］.北京：教育科学出版社，2007：304.

提高。第三，学生的个性。这也是影响学习动机的一个重要因素，性格活泼的学生更加善于提问，敢于表达自己，而性格内向的学生则不喜欢表达，在课堂活动中表现得比较拘谨。对于语言学习而言，一定要敢提问、敢说，这样才有利于语言的操练和学习。

二、外部要素

（一）社会与家庭

家庭是社会的细胞，社会对学生的学习要求首先通过家庭体现并对学生提出。父母的价值观、成就动机以及他们对子女的要求和他们的教育方式等都会影响孩子的学习动机。学生的学习动机很大程度上体现了父母的要求、态度和志向。一般而言，父母要求子女独立，并且能够做到以身作则，有利于培养学生的学习动机；反之，父母若对孩子溺爱和袒护，限制其独立性，则不容易培养孩子的学习动机。家庭关系和谐，父母关心子女的学习，并且在适当的时候给予帮助和指导，对提高子女的学习积极性有很大的帮助；反之，父母对子女的学习漠不关心或者期望过高、干涉过多，导致家庭关系紧张，必然会影响子女的学习情绪和学习积极性。华裔家庭的学生和非华裔家庭的学生，学习汉语的动机必然不同，对其汉语水平也有影响。

（二）学校和学习任务

学校教育是一种有目的、有计划地对学生施加积极影响的过程，因而它能使学生已初步形成的正确学习需要、学习动机和学习态度得到巩固与深化，使不正确的学习动机和态度得到改善与转变。华校的汉语课程设置、汉语教材的使用等都比非华校更加专业，华文教育受到更多的重视，因此学生在华校的学习过程中能够学习到更多汉语知识，对他们的学习动机也有更大的影响。

学习任务的难易程度也会对学生的学习动机造成一定的影响，如果学生认为这门课程的学习任务很难，就会产生畏难情绪和焦虑感，不利于学习动机的培养；反之，如果学生认为学习任务过于简单，则会降低其成就感。因此，学习任务的难易程度应该适中，这对于激发学生的学习动机有一定的帮助。

（三）教师

教师是教学过程中的组织者和管理者，是影响学生学习的最重要因素。首先，教师是学生学习的榜样，如果教师本身能够做到治学严谨、以极大的热情和耐心投入教学，会对学生产生正面的影响，从而激发学生学习这门课程的兴趣。教师在教学过程中的任何举动都可能会影响学生的学习动机。从讲课的过程到课余活动甚至批改作业，对学生的态度等，都会给学生造成正面或者负面的影响。

其次，教师对于学生的期待也会促进或者削弱学生的学习动机。通常拥有较高期望的学生会产生高水平的动机，经过努力，从而表现出高水平的行为；反之，如果教师对这个学生的期待很低，甚至采取漠视的态度，则会影响学生学习该课程的动机。

扩展阅读3.2

　　张老师是一名新任的汉语教师志愿者，在泰国任教。他刚去学校任教时，平时上课喜欢提前三分钟到教室做准备，早上八点上课，但是到了八点二十分学生才陆陆续续来到教室，张老师第一次遇到这种情况，心里有一点郁闷。在接下来的几周时间内，他通过观察发现学生无论哪门课都不会准时到教室，但是对于喜欢的课程则会来得早，也很少发生迟到的现象，并且在课上会很积极地配合老师的教学。张老师决定通过自己的言行以身作则，用更高的热情和耐心投入到汉语教学工作中，让学生真正地喜欢上汉语课。面对学生的迟到，张老师没有像其他中国老师一样责备学生，到点就正常上课，哪怕只有两三位学生。他努力活跃自己的课堂氛围，让学生产生"如果迟到了，就意味着这节课少了十分钟，老师不会等我再上课，我喜欢汉语课，不想少听一点内容"的心理，经过两个月的努力，全班基本上能够做到准时上课。

（案例来源于中外跨文化交际案例库，http://www.difculcase.com/）

　　从这个案例可以看出教师对学生的影响，通过提升教师自身的魅力、活跃课堂的气氛，从而调动起学生的学习动机。正如苏霍姆林斯基所说："学校里的学习不是毫无热情地把知识从一个头脑装进另一个头脑，而是师生间都在进行心灵的接触。"融洽的师生关系不仅能够使学生在轻松愉快的氛围中汲取知识的营养，更能在潜移默化中激发学生的学习动机。

第三节　华文学习动机的培养与激发

　　学习动机的培养是指学生把社会、学校和家庭的需要变为自己内在的学习需要的过程，是一个从无到有的过程；而学习动机的激发指的是学生将自己已经形成的学习需要调动起来，从而提高学习积极性，是一个从静到动的过程。在实际的教学中，二者是紧密联系在一起的，学习动机的培养为激发动机提供了基础，学习动机的激发又为培养动机提供了进一步的强化。在教学中应注重坚持二者相辅相成、并行的原则。

　　在华文教学中，激发学生的学习动机最根本的一点就是"帮助学习者树立正确的学习目的，明确学习的意义与知识的价值，使他们不仅认识到学什么，而且也要认识到为什么学习、学习到什么程度、学了有什么用等"[1]。只有当学生自己真正收获到他们所感兴趣和需要的东西，并不断受到激励和鼓舞时，才能产生自愿学习的想法和意愿，并能够获得一定的效果。学习动机是第二语言学习各种影响因素中最有影响力的因素之一。对于华文教师来说，如何设计课堂教学、改善教学环境以及采用何种教学方法显得尤为重要和关键。培养和激发学生的学习动机有多重具体的技术与方法，下文从内部学习动机和外部学习动机的激发两个方面谈如何培养与激发华文学习动机。

一、内部学习动机的培养和激发

（一）激发学生的兴趣和求知欲

在内部学习动机中最重要的形成因素之一就是学习兴趣，爱因斯坦指出："无论是在学习还是日常生活中，乐趣就是工作中最大的动力，以及对这个结果的价值认识。只有这样，才能产生轻松愉悦的心情，最终去追求人类更高的精神财富。"刚开始学华文的学生，学习兴趣不稳定，任何新颖的、形象的、能够引起他们学习动机的实物都会引发他们的兴趣。因此，在课堂教学中应该注意教学方式的灵活多样，利用环境和辅助工具的帮助，采用多种多样的教学方式和方法，例如运用图片、剪纸、游戏等方法来培养学生浓厚的学习兴趣。

扩展阅读 3.3

歌谣教学是汉语课堂教学中常用的一种课堂活动，唱儿歌则是少儿教学中较常用的一种课堂活动形式，教师常会用其他歌曲的旋律填上汉语语句，例如在教授颜色词时，可以选用耳熟能详的"两只老虎"的旋律，在唱歌的同时进行替换操练。"这是蓝色，这是蓝色，蓝蓝蓝，蓝蓝蓝。我喜欢蓝色，我喜欢蓝色，蓝蓝蓝，蓝蓝蓝。这是红色，这是红色，红红红。我喜欢红色，我喜欢红色，红红红，红红红。"这首歌也可以用来替换方位词，或者改编成以学生为中心的歌词等等。

游戏和课堂活动是非常重要的课堂学习手段，对于零基础或者早期语言教学的沟通目标课题可通过这些手段来实现。游戏和活动能让学生参与到有意义、有激励作用的情境中，并且在这种情境中交换真实的信息；游戏和课堂活动作为一种强有力的工具，能让语言生动起来。

（节选自周健. 汉语课堂教学技巧 325 例 [M]. 北京：商务印书馆，2009：135）

---

[1] 莫雷. 教育心理学：第 1 版 [M]. 北京：教育科学出版社，2007：315.

（二）增强学生的自信心和自我效能感

自我效能是个体对自己能够进行某一行为的实施能力的推测和判断，即对自己是否有能力胜任某学习任务的认知，通俗来说，就是当学生感到自己能够胜任某些活动，认为自己在这一方面是有能力的，才会产生对这些活动的内在动机。因此，增强学生的自信心和自我效能感对于激发学生的学习动机是十分必要的。

为学生设置明确、具体且可以达到的目标，选择难易合适的任务，让他们不断获得成功体验，进而提高自我效能和学习动机。例如，在华文教学中，面对零基础非华裔的学生和听力水平高于口语水平的学生，教师应该设置符合其汉语水平且难易合适的任务。此外，教师可以让学生观察与自己学习能力相近者的成功行为。当一个人看到与自己水平差不多的有着同一目标的学习者取得成功时，就会认为自己也能完成同样的任务，并且从有着同一目标的学习者的表现中学到有效解决问题的方法，从而推动学习的进行。

（三）进行归因训练

根据动机的归因理论和相关研究，不同的归因方式对学生的学习行为产生巨大的动机作用。不良的归因会使学生产生挫败感，许多学习成绩不佳的学生正是由于把失败归因于自己能力不足、智商不够，导致对学习失去信心。学生将学业成败的原因主要归为能力、努力、任务难度、运气、他人的帮助等，其中能力和努力是两个最为主要的因素，"将成功归于能力，有助于增强个体的自我效能，进而有利于以后的学习和归因；如果将失败归于能力，就会使学生容易放弃努力，久而久之，就会产生习得性无力感，变得无助、冷漠，听之任之，破罐子破摔"[1]。

那么如何进行归因训练呢？隋光远（1991）提出的"积极归因训练"模式是改变学生不正确的归因，提高学习动机的一条有效途径。积极归因训练有两层含义：一是"努力归因"，无论成功或失败都归因于努力与否的结果。因为学生将自己的成败归因于努力与否会提高学生学习的积极性，当学习困难或成绩不佳时，一般不会因一时的失败而降低将来会取得成功的期望，从而让自己更加努力达到想要的结果。二是"现实归因"，针对一些具体问题引导学生进行现实归因，以帮助学生分析除努力这个因素外，影响学习成绩的因素还有哪些，是智力、学习方法，还是家庭环境、教师等因素，以及这些因素在多大程度上影响其学习成绩，并尽力指出解决这些问题的方法，以提高学生克服困难的勇气，增强自信心。

（四）利用原有动机的迁移

不仅知识、技能、语言可以迁移，学生的学习动机同样也是可以迁移的。在华文教育中，当学生没有明确的学习汉语目标，缺乏学习动力时，教师可利用学习动机的

---

① 莫雷.教育心理学：第1版［M］.北京：教育科学出版社，2007：317.

迁移，引导学生将对已有活动的兴趣转移到学习活动中，让学生感受到原有活动和新的学习内容之间的关系，从而激发他们学习新知识的动机。例如，某个学生对中国的地理十分感兴趣，想去中国旅游，可以将其对中国地理的兴趣迁移到对地名、海洋、河流、山川等词汇的学习中来。

二、外部学习动机的培养和激发

（一）提供积极的反馈

"反馈"指的是提供给学生关于成绩的信息，通过反馈使学生及时了解自己的学习结果，包括作业、考试成绩的优劣等。教师对于那些不好的表现或行为，不应该采取批评的方式，而应该尽量采取积极的反馈，并且要清楚、具体。让学生知道自己的学习结果，看到自己的进步，这会增加他们学习华文的兴趣。而面对学生做得不好的地方，教师应该帮助学生及时改正，并使之加倍努力做好。

扩展阅读 3.4

凯瑟琳在一所经济状况欠佳的小学教二年级。她所教的很多学生阅读能力低于年级水平，有些学生课余很少进行阅读活动，大部分学生在校自习时也不愿意选择阅读。由于阅读技巧在学习中的重要性，凯瑟琳十分忧虑。她提出了一个阅读激励计划以促使学生进行更多阅读。她在教室的墙上贴了一张很大的表格用以记录学生的进步。每当学生读完一本书，便告知凯瑟琳，然后凯瑟琳就在表格上学生的姓名后放一颗星星。只要一个月内读完5本书，任何学生都可以从班上设立的奖品盒中抽取一份奖品。在任何指定的月份中，读书最多的学生可以获得一份大奖。当凯瑟琳把新的激励计划告诉学生的时候，他们都非常高兴。

"太好了！"乔伊高兴地说，"我将得到最多的星星！""不可能，"彼得反驳说，"塞米将得到最多的星星。她爱看书。她是我们班最好的阅读者。"

塞米是很好的阅读者。她的阅读能力超出了二年级水平，而且喜欢阅读图书馆青年区的小说。这些书籍篇幅很长，需要花费相当长的时间才能看完。但是，她确实喜欢这些书籍。凯瑟琳从自己收藏的书中挑选了几本借给塞米读，因为教科书几乎不能引起她的兴趣。

计划执行的第一个星期，学生的兴致都很高。学生每天都给凯瑟琳讲他们阅读的情况。表格里开始出现星星。一周结束时，除了塞米之外，每个学生的姓名后面都至少出现了一颗星星。该月的最后一个星期，很多学生都将阅读选为自习时间的活动。学生都迫切地希望他们至少能得到一份奖品，许多学生疯狂地读书是为了要成为当月的"阅读者之王"。一个月下来，凯瑟琳的 25 个学生中就有 23 人得到了 5 颗星星。唯一的例外是塞米和迈克尔，塞米只有一颗星星，迈克尔这个月得了水痘。乔伊的话应验了，他得到的星星最多——15 颗。学生们非常激动地选择自己的奖品。

接下来的一个月里，学生们的读书狂热持续不减。塞米也加入了争夺星星数量的行列，她一共得到 30 颗，成为班上当月的阅读之王。乔伊得到了 25 颗星星而位居其次。班上每个学生得到的星星都在 5 颗以上，都有权利得到奖品。因为他们做了如此多的阅读功课，凯瑟琳为学生举办了一次星期五下午的聚会，学生们一边看动画片，一边吃爆米花。

类似的活动模式持续了大概几个月的时间。星星在表格中的填充速度很快。凯瑟琳认为学生的阅读量已经够了，完全可以在每年的州级成绩测验中取得好成绩。她为学生们的进步兴奋不已。凯瑟琳决定在测验结束后取消激励计划，并悄悄地了解学生们的阅读情况。然而，取消激励计划之后，她发现自习时间阅读的学生再次寥寥无几。塞米甚至在完成了其他作业后也没有阅读，她现在开始画画了。

（转引自秦丹的博客，http://blog.sina.com.cn/s/blog_643806b60100gg03.html）

以上案例中的教师采取了奖励的方式激发学生阅读的动机，用物质进行奖励，取得了很好的效果，但是没有激发学生的内部动机，一旦外部刺激取消，学生的学习动机便消失，因此，如何正确且持续地激发学生的学习动机，教师仍需不断钻研。

（二）正确运用表扬和批评

情感因素也是影响激发学习动机的一个重要因素。教师需要针对每个学生的不同特点，为学生提供更多的展现机会，一般而言，鼓励、表扬、赞同要比指责和惩罚更能激发学生的学习动机。在华文教学过程中，作为一名汉语教师要时时刻刻注意学生的优点和闪光点，注意到学生的进步时一定要给予适当的鼓励。但鼓励不是总说一些假大空的话，比如"你很棒"，而应该根据学生所做之事进行具体的鼓励，例如"这个词读得很正确，继续保持"。这就是表扬需要遵循的第一个原则：具体、真心。但是不是就不需要批评了呢？适当的批评和惩罚也是对学生学习肯定或者否定的一种方式。关键在于做出批评时需要注意对症下药，对于基础较差的学生要依学生的实际情况而定，但是一定要注意适当，仍以多鼓励为主。泰国的学生天性好玩好动，作为汉语教师应该多多关心，督促他们按时完成学习任务。

第二个原则：公正。公正是表扬的最基本要求，教师在表扬的过程中要实事求是。不公正的表扬不但起不到积极的作用，反而会削弱学生的学习动机，甚至引起逆反心理，影响师生关系。表扬还应根据学生的个性特点和心理素质，因人而异。尤其对于语言能力差的学生，教师要善于发现他们的每一个小进步，使表扬起到鼓励先进、带动后进的作用。

第三个原则：适度。心理学上的"超限效应"是指刺激过多、过强或作用时间过久，从而引起心理极不耐烦或逆反的心理现象。

扩展阅读 3.5

一位学生上课时总是调皮捣蛋，自己不认真听讲，还影响他人，因此各科老师总是批评他。时间长了，批评对他根本不管用，于是班主任想出一个新办法，让各科老师将对他的批评改为表扬，发现他有任何进步或者"闪光点"，大家都立刻赞扬。开始时他很受感动，表现也大有改进，可是突然有一天，当老师以同样的方式对他进行表扬时，他却大为恼火，说："我已经进步了，还不够吗？"原因是听惯了批评的他，最初听到表扬时，觉得老师是真的看到了他的优点，后来老师们不断重复地对他进行表扬了一段时间后，他觉得老师的表扬缺乏诚意，而且其中许多是有意拔高的。由此他便认为，这些老师只不过是在哄自己，名义上是表扬，实际上是让他注意这些方面，有明褒暗贬的意思。

（节选自刘儒德. 教育中的心理效应：第 2 版 [M]. 上海：华东师范大学出版社，2013：157）

从以上案例可以看出，教师对学生的表扬和批评都应该注意"度"，如果过度了，就会产生心理学上的"超限效应"，达不到培养和激发学生学习动机的目的。

（三）适当开展合理竞赛

营造适度紧张的竞赛或者竞争气氛，能够调动学生的好胜心。竞赛或者竞争性活动历来被当作激发学生学习积极性的一种有效手段。竞赛的形式有个人竞赛、团队竞赛还有自我竞赛，教师在激发学生的学习动机时，应多倡导鼓励学生自己和自己比赛，不必和他人产生竞争关系，只求自己取得进步，这样也有利于学生减轻过重的心理负担。例如，在班级里教师将班级分为几个小组，组与组之间通过课堂活动、课后作业完成程度等形式竞赛，到期末评比表现最佳的组；在海外，电视台会举办华文演讲比赛，鼓励学生多参加；泰国每年都会举办"汉语桥"比赛、汉语知识竞赛等，身为汉语教师可以根据学校的安排，多鼓励学生并辅导他们参加，以此增强他们学习汉语的动机。

扩展阅读 3.6

陈老师在中国一家国际学校教小学，她让每位学生动手制作一棵属于自己的"成长树"，贴在教室四周的墙上。教师根据学生的纪律情况、参与活动的积极性、作业、课上发言等方面的表现，发给他们小红花，学生得到十朵小红花，就可以兑换一个"快乐果"，挂在自己的"成长树"上。在每个"快乐果"上，孩子们还可以记录自己的快乐，如："我能画熊猫了！""我遵守纪律，老师表扬了我！"学生为了多得"快乐果"，积极上进，班级管理变得井井有条。

（节选自朱勇. 国际汉语教学案例争鸣［M］. 北京：高等教育出版社，2015：238）

这位老师采用鼓励的方式积极地调动学生学习汉语的积极性，属于正强化，会给学生带来一种竞争意识，激发他们的表现欲，一定程度上有利于学生积极进取，但这种表现方式也存在着弊端。学生的课堂表现与学习成绩涉及个人隐私，记录在教室公开场合并不合适，建议让学生记录在自己的本子上。此外，这种做法会给红花较少、自尊心较强的孩子带来焦虑和自卑感。在班级内多得"快乐果"的活动，也是一种竞赛的形式，营造了一种气氛，在一定程度上调动了学生的好胜心。

本章内容提要

1. 动机是由某种需要所引起的直接推动个体活动、维持已引起的活动并使该活动朝向某一目标以满足需要的内在过程或内部心理状态。

2. 学习动机是指引起学生学习活动，维持学习活动，并使之拥有一定学习目标的某种动力倾向。学习动机可以作为解释引发、定向与维持学习行为的原因。学习动机的引发作用是指当学生对某些知识或技能产生迫切需要时，就会产生学习内驱力，唤起自身内部的激动状态，产生焦虑、渴求等心理体验，并最终激发学习者的相关学习行为。

3. 马斯洛提出了著名的需要层次理论，将人的需求分为七个层次，分别是生理需要、安全需要、归属与爱的需要、尊重的需要、认知需要、审美需要、自我实现的需要。前四者称为基本需要，即满足自己生存需求的需要；后三者为成长需要，即人们认识、理解、欣赏美和实现个人发展的需要。七种需要从低级到高级有层次地排列着，只有在低一级的需求满足后，才会激励个体产生较高层次的需求，一旦某种需求得到满足后，就不再具有激励作用。因为各种需要之间有先后顺序和高低层次之分，故称为需要层次理论。自我实现的需要是最重要的，其他需要都是属于次要的手段性质，自我实现才是人生存在的目的。他通过强调需要的作用来解释动机，认为所有的行为都是有意义的，都有其特殊的目标，这种目标来源于我们的需要。

4. 归因理论起源于美国心理学家海德的关于社会知觉和人际关系的认知理论，后由韦纳发展，使其成为动机研究领域中一项重要的理论。学生在学习的过程中，对于学业的成败主要归于能力、努力程度、运气、任务难度等，韦纳将这些原因分为三个维度：①控制源：相对于个体而言的内部或外部，内部原因是个人内部的因素，例如能力、个人的努力；外部原因则是外在于个人的因素，如任务难度、教师的态度等。②稳定性：某个因素的变化，例如个人能力一般较稳定，但情绪或者一时的运气往往带有不确定性。③可控性：是个人控制成功或失败的原因的程度，分为可控和不可控。

5. 班杜拉最早于 1977 年提出"自我效能感"概念，发表于论文《自我效能：关于行为变化的综合理论》中。班杜拉以期运用自我效能来解释人类行为的启动和改变，它是指"相信自己具有组织和执行行动以达到特定成就的能力的信念"。自我效能并不是个体真正的能力，而是对自己能力的信念，即是否相信自己能够完成这项学习任务。自我效能会影响人们对于任务付出的努力、在面临挫折时能坚持的时间、在失败中恢复的能力等等。

6. 德西和赖安（1985）根据学习动机产生的原因，将学习动机分为内部和外部两类。内部学习动机是由学习活动本身的意义和价值引起的，它会给学习者带来成就感和满足感，这种成就感和满足感来源于学习者对任务本身产生的兴趣。外部学习动机是由学习活动以外的诱因引起的，是与任务本身之外的刺激物相联系的动机，它给学习者带来的成就感和满足感不是因为学习活动本身，而是由学习活动的外部影响带来的。

7. 加德纳和莱伯特（1959）把学习动机分为融入型和工具型。融入型学习动机指学习者学习汉语是为了与目的语族群的人进行交流，或者是为了更好地理解这些人、他们的文化或生活方式。如果学习者是为了某种实用目的，如为了得到一份好工作或者受到更好的教育，那么就属于工具型学习动机。融入型学习动机实际上是为了掌握语言自身的功能（为了与目的语人群交流），而工具型学习动机注重的是掌握语言之后伴随的一些实际益处，比如学好汉语可以更好地在中国工作或者做贸易。

8. 奥苏贝尔指出："一般称之为学校情境中的成就动机，至少应包括三方面的内驱力决定成分，即认知内驱力、自我提高内驱力和附属内驱力。"认知内驱力以求知作为目标本身，是指了解、理解和掌握知识以及解决问题的需要。自我提高内驱力是指个体那种因自己的胜任能力或工作能力而赢得相应地位的需要。附属内驱力是指人们为了获得长者们（如家长、老师等）的赞许或认可而表现出来的把工作做好的一种需要，是一种典型的外部动机。

9. 内部学习动机的培养和激发方法有：①激发学生的兴趣和求知欲；②增强学生的自信心和自我效能感；③进行归因训练；④利用原有动机的迁移。外部学习动机的培养和激发方法有：①提供积极的反馈；②正确运用表扬和批评；③适当开展合理竞赛。

复习与思考

一、名词解释

1. 动机　2. 自我实现的需要　3. 归因论　4. 自我效能　5. 学习动机

6. 融入型学习动机　7. 工具型学习动机　8. 认知内驱力　9. 反馈

二、问答题

1. 试述马斯洛需要层次理论的主要内容。

2. 试述奥苏贝尔的学习动机理论。

3. 什么是内部学习动机？如何激发学生的内部学习动机？

4. 什么是外部学习动机？如何激发学生的外部学习动机？

延伸阅读

［1］丁安琪. 留学生来华前汉语学习动机强度分析［J］. 华文教学与研究，2014（3）.

［2］隋光远. 中学生学业成就动机归因训练研究［J］. 心理科学，1991（4）.

［3］连榕，等. 华文教育心理学：第1版［M］. 北京：教育科学出版社，2010.

［4］刘儒德. 教育中的心理效应：第2版［M］. 上海：华东师范大学出版社，2013.

［5］莫雷. 教育心理学：第1版［M］. 北京：教育科学出版社，2007.

［6］周小兵. 对外汉语教学入门：第2版［M］. 广州：中山大学出版社，2009.

［7］朱勇. 国际汉语教学案例争鸣［M］. 北京：高等教育出版社，2015.

第四章　华文知识的学习与教学

学校智育的核心任务在于让学生掌握知识，因此，知识的学习成为教育心理学研究的一个中心问题。而华文知识的学习则成为华文教育的一个重要部分，本章探讨什么是知识、华文知识的分类、学生学习华文知识的一般心理过程，以及采取何种教学策略促进学生准确、有效地掌握华文知识等问题。

第一节　华文知识与知识学习

一、知识与华文知识

从哲学认识角度，《中国大百科全书·教育篇》认为知识是客观事物的属性与联系的反映，是客观世界在人脑中的主观映像，分为感性知识和理性知识。感性知识表现为主体对事物的感性知觉或表象；理性知识表现为关于事物的概念或规律。西方心理学家将"知识"定义为言语信息，即用符号或言语来标志某种事物或表述某些事实。具体到教育心理学上，"知识"的定义有狭义和广义之分。狭义的知识即为我们传统理解中的知识，一般仅指能贮存在语言文字符号或言语活动中的信息或意义，比如各门学科的事实、概念、公式、定理等。在现代认知心理学的研究和发展之下，广义的知识得到认同，所谓广义的知识，即个体通过与其环境相互作用后获得的一切信息及其组织。它既不是客观世界的副本，也不由个体的遗传因素和主观意识所决定。它既包括个体从自身的生活实践和人类的社会历史实践中获得的各种信息（狭义的知识），也包括在获得及使用这些信息的过程中所形成和发展而来的种种技能、技巧和能力。

华文知识指的是个体通过与客观事物在中国语言与文化方面的特征和联系的相互作用后获得的信息及组织，不仅表现为语言和文化的概念、定理、句法等"言语信息"，而且表现为华文的"策略性知识"。学习主体有关对自己的华文学习过程的知识，也是华文知识的一个有机的组成部分，这一部分称为"元认知知识"。

二、知识学习的分类

（一）知识分类

知识的分类比知识的定义还多，知识就像盲人摸象，不同的侧面有不同的分类方法。在教育心理学的发展史上，由于对知识的概念和范围有不同的理解，不同的研究者根据不同的维度，对知识作不同的分类。奥苏贝尔将知识的学习分为由简单到复杂的表征学习（词汇学习）、概念学习、命题学习、规则学习和问题解决的学习（也称高级规则的学习）。显然，知识也可以相应地由简单到复杂表现为词汇、概念、命题、规则、高级规则等。随着认知心理学的发展，对现在教育心理学影响最大的是当代著名认知心理学家 J. R. 安德森，他从信息加工的观点出发，根据知识的性质将其分为陈述性知识和程序性知识。其中陈述性知识是有关"是什么"的知识，程序性知识是有关"怎么做"的知识。安德森认为动作技能、智慧技能和认知策略等实质均属程序性知识。陈述性知识，也称为"描述性知识"，它指个人有意识地提取线索，并能直接加以回忆和陈述的知识，主要是用来说明事物的性质、特征和状态，用于区分和辨别事物，这种事实具有静态的性质。陈述性知识要求的心理过程主要是记忆。程序性知识是更基本的知识，通俗地说，就是知道某些道理，例如知道如何打高尔夫球，将手臂伸直可将球打得比较远，同时保持低头姿势等。从上述现代认知派关于知识分类的学说中，可以将知识按其性质作如下分类（如图 4-1 所示）：

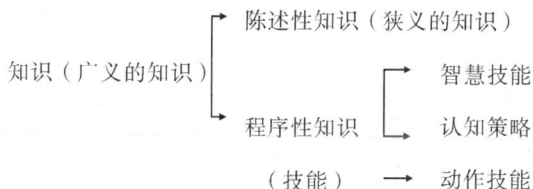

知识（广义的知识）
　├─ 陈述性知识（狭义的知识）
　└─ 程序性知识
　　├─ 智慧技能
　　├─ 认知策略
（技能）→ 动作技能

图 4-1　知识的分类

（二）华文知识的分类

按照研究内容的特点，将华文知识分为语言知识和文化知识。语言知识包括华文的语音、汉字、词汇、语法和语用等语言要素的相关知识。文化知识则指与中国文化相关的、有利于辅助语言知识教学的文化知识，从文化的内在逻辑层次上，将文化分为物态文化、心态文化、行为文化、制度文化四个层次（如图 4-2 所示）。华文文化知识包括知识的学习和文化技能的掌握。通过建立华文知识的分类，能够帮助教师和学生更加深入地认识华文知识的本质，从而建立起掌握知识的标准，更好地掌握华文知识。

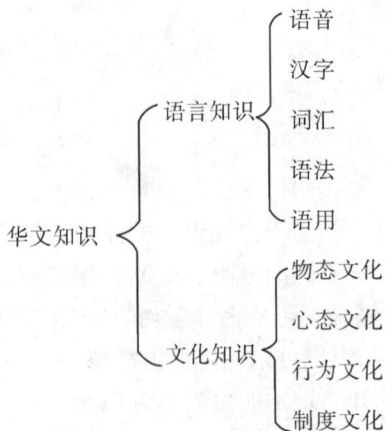

图4-2　华文知识的分类

第二节　华文知识学习的一般心理过程

知识学习的过程是个体获得知识的一种专门活动，要求学习者能将存贮在语言文字符号等载体中的知识转化为个人的精神财富，不同于人类知识形成的历史过程，也不同于个体通过直接参与生活实践中获得的知识，这是一种获得间接经验的心理过程。现代认知心理学家的相关研究揭示了知识学习的内部信息加工机制，从认知层面探讨知识的学习过程。中国传统教育心理学对知识学习的过程进行了分析和研究，将知识学习的心理过程分为三个阶段：知识的理解、知识的强化和知识的应用。这一分法易于理解，从宏观和微观层面对知识学习的心理过程进行了把握，对于华文知识的学习过程同样适用，下面对这三个阶段进行阐述。

一、华文知识的理解

（一）知识理解的概念

知识的理解是指个体运用已有知识经验逐渐认识事物的种种联系、关系，直至认识其本质、规律的一种思维活动，是个体了解、传递知识的载体，使语言文字等各种符号在头脑中唤起相应的认知内容，从而对事物获得间接认识的过程。通俗地说，华文知识的理解就是"懂"。华文知识的理解是掌握华文知识的首要环节，学生务必在理解的基础上，对言语进行有意义的学习，如果没有理解只会造成对语言或符号的死记硬背，同时，没有理解的知识也难以巩固和应用。

（二）华文知识理解的水平

在学习的不同阶段，对于不同的学习者而言，理解知识的水平也是不同的。例如，零基础学习汉语的学生和听力好于口语的华裔背景学生，在华文知识理解的水平上不尽相同。心理学家史密斯（N. B. Smith）通过研究学生阅读过程中对阅读材料的理解水平，提出了阅读理解的四种水平，这四种水平对于我们了解知识理解的水平有很大的参考意义：

（1）字面的理解：即表面理解，简单地复述。学生能够理解书本上或者阅读题目中的词句或观点的字面意思，能用书上的原话回答"谁""干什么""什么时候"等简单问题。这种理解水平只需要少量思维活动的参加、简单的机械记忆策略就可以达到。

（2）解释水平的理解：即分析概括，找出内在联系。从文中找出作者没有直接说出的人与人、事与事之间的关系，回答"为什么呢""假如会怎样"一类的问题，需要更多思维活动的参与。

（3）批判性理解：即评价，提出个人判断。学生能够超越文章本身内容和观点的限制，对其真实性、社会意义、价值做出自我的评价。这需要学习者具有更大的主动性和独立性。

（4）创造性理解：即独立见解，探索新的解答方案。学生能从课文或者阅读的内容和观点中，获得新的见解，解决新问题。即常说的探索式学习，这一部分是理解水平的最高阶段，需要学生具有极强的主动性和独立性。

影响理解水平的主要因素有哪些？可以概括为以下五点：第一，学生的思维发展水平，即学生自我的智育、德育发展情况；第二，学生已有的知识经验；第三，学生理解学习的心理准备；第四，学习材料本身的性质，题易则易理解，题难则难理解；第五，教师的教学方法，在适当的教学方法下，学习效果必然事半功倍。

（三）华文知识理解的过程

在教学条件下，学生对知识的理解一般要经历两个阶段：对学习内容的直观体会和对学习内容的概括。学生在教师的指导下，获得感性知识的活动，这一阶段称为对学习内容的直观体会，即感性知识的形成。学生对感性知识的学习主要是在对学习内容的直观体会中完成的。例如华文教学中的剪纸课，教师组织学生观看直观的剪纸作品，然后再教学生如何剪出一幅完整的作品，学生通过直观的观察，了解中国的剪纸艺术，激发求知欲。

学校教学的最主要优势和学生学习的最重要目的是掌握抽象的、系统化的理性知识。在对学习内容的直观基础上，对所获得的感性知识进行分析、综合、抽象和概括等加工，使其了解事物的本质特征和内在联系，这一过程称为理性知识的形成。众所周知，理解知识的过程是不能仅靠感知觉来实现的，而必须经过一系列的思维活动才能完成，也不是一次学习就能够完成的，而是一个渐进的过程。例如，华文教学阅读课上，一篇课文，只读一遍和反复阅读许多遍，对课文的理解程度会很不一样。教师通过指导学生精读课文，促使其理解程度提高，对课文的中心思想、写作手法有新的认识，通过反复多次的练习，使学生对课文的感性认识变为理性认识。

扩展阅读4.1

　　刘颂浩（1999）提到了阅读课词汇练习的方法，即"辨认练习"。"辨认练习"包括字形辨认、字音辨认和意义辨认，其中最重要的是意义辨认，在具体语境中猜测词义，这个练习可以促进学生从感性知识到理性知识的转变。比如《汉语阅读技能训练教程》中的一个练习：他的话使我感到十分惶恐，不知怎么做才好。①盛大；②心里觉得害怕不安；③一种虫；④走来走去。

　　（节选自刘颂浩. 阅读课上的词汇训练［J］. 世界汉语教学，1999（4）：15）

　　当阅读材料的语境信息清晰、明确，线索充分、丰富，语义也比较透明时，应当鼓励学生利用语境和语素猜测生词的意思，或者鼓励学生建立假设，继续阅读，在更大的语境中验证自己的假设，这样不仅有利于词汇的习得，也有利于养成良好的阅读习惯。学生具备在一定条件下猜词的能力，阅读时就能更好地跨越障碍，充分调动已有的词汇和语法知识，提高阅读速度和理解能力。

二、华文知识的强化

　　知识的强化也称为知识的保持，是对所学知识的持久记忆。记忆是通过对学习材料反复感知，然后在大脑中形成较牢固的联系。从记忆的过程来看，知识的巩固主要是通过识记和保持两个环节来实现的。知识在保持的过程中，如果不加以复习和运用，就会发生遗忘；如果经常得到复习和运用，则会加深对知识的理解程度。要使知识牢固地持久地保持在头脑中，良好的记忆是前提，其次要进行有效的复习，这是保持知识的第二个重要的途径。"知识的巩固对知识学习来说是必不可少的，它是知识积累的前提，理解之后的知识如果不能被积累和保持下来，边学边忘，则将学无所成。知识的巩固与知识的理解相互依赖，缺乏理解的教材是难以巩固的，没有巩固的教材难以得到概括，妨碍对教材的理解。"① 时常巩固对于语言的学习有着重要的作用，合理组织复习，才能防止遗忘，著名的艾宾浩斯遗忘曲线解释了人类记忆的规律："识记后最初一段时间遗忘快，随时间推移和记忆材料的数量减少，遗忘便逐渐

---

　　① 莫雷. 教育心理学：第1版［M］. 北京：教育科学出版社，2007：119.

缓慢，最后稳定在一定水平上。"这一规律对于华文知识的学习，尤其是词汇的学习具有极大的借鉴作用。如果学生在学习了新的汉语词汇后，能够结合这个学习规律进行复习，汉语词汇的掌握情况一定好于不按照此规律进行学习的同学。不仅是词汇的学习，汉语语音的学习用强化的方法也十分有效。

扩展阅读 4.2

　　小黄任教于意大利罗马的一所汉语学校，她教授的对象是成人混合年龄的初级班。在教授语音的时候，由于教学形式简单，几节课下来，学生已经摸透教师上课的套路，而且每次两小时的语音练习课，多多少少让学生觉得课堂单调乏味。针对这个问题，小黄使用的方法是利用卡片，把声母和韵母分别写在卡片上让学生朗读，在做声韵拼合练习时，利用卡片朗读既可以节约时间，还可以使展示方式多样化。她采取了两种方式：一是拿着卡片分别说出声母和韵母，然后让学生拼读；二是把卡片发给学生，她读音节，让学生找出相应的声母、韵母卡片。上课的时候她发现第二种练习方式学生的参与性较强，加上初级班的学生刚开始的时候学习兴趣非常浓厚，热情很高，练习的时候，每个学生都很认真地听，尽力选出他们自己觉得正确的声母和韵母。

　　（节选自朱勇．国际汉语教学案例争鸣 ［M］．北京：高等教育出版社，2015：151－152）

　　语音阶段的教学，一般采用反复练习、反复纠音的方式，让学生不断地跟读、朗读、拼读，如果形式单一，时间稍长就会让学生感到枯燥、无趣。因此，在课堂中加入形式多样的教学活动，不仅能使语音知识得到强化，也能使学习过程变得轻松、有趣。

三、华文知识的应用

（一）华文知识的应用概念

　　华文知识的应用是指把华文知识用于解决学习或实际生活中的问题的过程。知识的应用是学生掌握知识过程中不可缺少的重要环节。知识的应用主要体现在学生在领会教材的基础上，提取所学的知识去回答相关问题或解决相关课题的过程，是程序性知识的执行过程。

（二）华文知识应用的主要形式

　　第一，解决口头或书面作业题。在课堂上，回答教师的提问，解答习题，完成课堂和课后的作业，可用于巩固刚学过的知识，这是学生应用知识的最常用的形式。

第二，解决实际问题。学生学完某一部分华文知识后，必须巩固其所学的知识并在实际应用中发现问题和解决问题。它要求学生运用较多的知识，并具备一定的技能和独立实践能力。例如，学生在学习完"你买什么"这一课后，可以到商店实际使用所学的词汇和对话，完成交际，这就是对课堂所学词汇的实际应用。

（三）学生应用华文知识的一般过程

学生对华文知识的应用主要有四个环节，分别是审题、有关华文知识的重现、问题类化和检查验证答案。审题就是领会作业或情境中出现的问题的题意。有关华文知识的重现，是在审题的基础上通过联想而实现的，重现可以是直接的或间接的。问题类化是通过积极的思维活动，掌握问题的实质，找到其与有关华文知识的关联，从而把当前的问题纳入已有的知识系统中去，并应用已有的相应的华文知识去解决新的问题。检查验证答案，是应用知识不可缺少的一个环节，主要有重审题目、纠正失误和验证等。

第三节　华文知识教学的心理

如何通过行之有效的科学方法更好地教授华文？这一节从心理、认知规律的角度介绍华文教学中语音、词汇、汉字、语法要素的教学，以便更好地提高学生的学习效果。

一、华文语音教学心理

（一）学好拼音的重要性

语音，是人类说话的声音，是有意义内容的语言成分的外部形式，以及语言的物质外壳。对于华文的学习，最先接触的就是它的语音，对语音的掌握和运用是整个语言学习的基础，掌握正确的发音和发音方法，对学习者掌握该项目的语的听、说、读、写技能和提高表达能力至关重要。同样，如果学好了语音，对于学习者学习华文的自信心培养具有巨大的作用，可以激发学生学习华文的动机。

在学习语音阶段，最重要的就是学好拼音，拼音的学习对于整个华文的学习有着不可忽略的辅助性作用。掌握了拼音就能有效掌握华文的读音及四种声调的发音规律，它对于学好汉字和词汇也具有重要的作用。

（二）语音教学原则

1. 学生为中心，教师为主导

在教与学的相互作用中，学生永远是学习过程的主体，任何一种教学方式都要通过学生而起作用。但在这个过程中，也不能忽视教师的作用，尤其在语音教学的初级阶段，教师起了很大的作用。学习者往往不了解目的语的语音形式，如果教师在前期没有让学生发出尽量标准的读音，就会对学生学习汉字、词汇等造成一定的阻碍。

2. 短期集中与长期反复操练

将语音课程置于一开始相对集中的一段时间进行，这一段时间大概是十天到两周不等，根据语音、声调的难易循序渐进地安排教学，让学生在一段较为集中的时间内学习训练语音，以便基本掌握汉语语音、声调，从而快速系统地了解语音，打好语音基础。短期的集中教学可以让学习者在汉语学习一开始就系统地了解语音，在之后的教学过程中对语音进行长期反复的操练，更能有效地将语音教学贯穿于整个汉语教学的始终。

3. 及时反馈

反馈是教育心理学的一个重要原则，及时反馈可以使学生对自己的学习情况有一个了解，对其学习成果也是一种肯定和强化。在练习发音时，教师要及时反馈和纠正，直至其熟练操作。

4. 语音对比突出重难点

在华文教学中，教师应根据教学对象的实际情况和国别差异，将汉语和学生的母语相结合，总结二者的差异，确定有针对性的语音教学重难点。例如，泰国人语音中没有 j、q、x 三组舌面音，在教授泰国学生的时候可以针对这三组音进行强化训练。

5. 注意复习，温故而知新

在华文教育中，语音的掌握和运用要靠大量训练来完成，只有不断巩固练习才能让学习者最终在实际中运用语音。教师在教学过程中应该注意语音知识的复习，通过复习已经学习过的语音带出新的语音，实现自然有序的过渡教学，通过对原来知识的多次强化，提高学习者的语音水平。

（三）语音教学常用的教学法

下面从认知规律的角度介绍三种常用的语音教学法，以期对华文语音教学有所帮助。

1. 先教单韵母再教声母符合学生的认知规律

一般教师教授拼音时总是先教声母再教韵母，但如果单纯地从教授声母入手，由于声母没办法自成音节，无法给汉字注音，因此学习效果差。且诵读声母的时间比较长，又没有声调变化，会导致学生产生厌烦情绪，因此先教单韵母再穿插声母、复韵母，更加符合汉语的教学规律。连榕等编著的《华文教育心理学》（2010）中介绍了如何从单韵母开始教学，具有很大的借鉴意义。他指出：第一，单韵母可以配合学习声调，内容比较丰富。在学习单韵母的时候还可以在教授第一声发音的同时，进行"四声"的练习，可以让学生感受汉语发音的抑扬顿挫的美。第二，单韵母发音方法更加简单，便于教授。由于"a、o、e"等六个单韵母是元音，其发音规则仅是由舌位的前后高低和嘴唇的圆扁程度决定，气流在口腔内不受阻碍，比声母发音容易得多，所以易于教授，更易于学习。第三，在学生完全熟练掌握了单韵母之后，再教授声母，可以使声、韵相拼合，进一步进行四声的拼读发音练习，使得练习更加有意义，更容易被接受和掌握。

2. 对比和气流感应法教授送气和不送气音

教师先将送气音与不送气音的发音方法和原理对学生进行简单说明，然后示范发音。在进行发音时，教师尽可能将发音动作放慢，合理拉长送气时间，然后再进行韵母的发音，在开始练习阶段，从较为容易的发音入手，循序渐进，如对比练习"ba爸"和"pa怕"，使学生有了语感后再进一步练习其他发音。这是用对比的方法练习送气和不送气音。还可用气流感应法练习语音。教师将一张纸与头部平行放置于嘴前，侧面朝学生站立，发送气音时，气流较强，纸张会随之吹动；发不送气音时，则相反，纸张几乎不动。教师给出示范后，再让学生自己亲自拿纸张或用手掌做模仿练习。

3. 手势法教授 zh、ch、sh 和 z、c、s

在华文教学中，zh、ch、sh 和 z、c、s 许多学生无法准确发音，且不容易区分，原因在于他们不知道发音时舌头的力度要多大、舌头往哪个方向卷才合适。在教学过程中，可以配合使用一些手势的演示，比如可以将右手四指并拢代表舌头，右手平伸用力向"牙齿"挤去表示发平舌音 z、c、s；再将四指上卷表示发翘舌音 zh、ch、sh。这种动作法对于学习这两组读音有很大的帮助。

二、华文汉字教学心理

（一）华文学生学习汉字的特点

华文学生在学习汉字的过程中，因其大多数处于汉字文化圈且属于华裔家庭，往往对汉字的字形比较熟悉，在书写上不会出现大量的结构松散或错乱问题。研究表明，汉字文化圈的学生在认知汉字的过程中，不仅仅受到中国传统文化的影响，而且对汉字有一定的熟悉感，其中更深层次的原因在于他们的母语文字长期受汉字思维模式影响，其头脑中也有类似于汉字认知处理的两条处理文字通路，可以下意识地自觉调用右半脑的形象思维能力，帮助他们进行汉语认知工作，因此在学习汉字的初期没有太大的障碍。但随着学习的深入，母语的负迁移会出现，很多汉字和母语已经不完全对应，对学生的学习又会产生不良的影响。

（二）从认知规律上探讨汉字的教学

汉字具有以下特点：第一，构字复杂、难以识记。汉字有独体字和合体字之分，合体字又有左右结构、上下结构之分，如"已和己"。第二，汉字的字音不仅有音节更有声调。第三，汉字还存在多音字。例如，"和面"与"和平"中的"和"读音不同，意思也不同。汉字的特点如此之多，在教学过程中该如何帮助学生理清汉字的结构以及汉字表音和表意特点的规律呢？从汉字认知规律上，应做到以下三点：

第一，让学生从拼音文字的思维模式中跳出来，在教学中给他们展示整字—部件—偏旁部首—笔画这个过程，让学生熟悉汉字的思维模式和方法，在心理上形成"字感"和文字的观念。在笔画教学过程中，让学生了解汉字的笔画架构、部件组合关系，才能正确地书写汉字，让学生从原本线性结构的文字一维模式转变到汉字笔画结构的二维模式。

第二，在部件教学过程中，给学生讲解汉字部件及结构组合，让其感受汉字的理据性。给学生分析汉字的理据性可以帮助他们学习新字的形、音、义联系。例如，学习了"大""小"之后，碰到新字"尖"，可以启发学生联想，一头小、一头大，就是尖的意思，学生根据这一理据便可以推测出汉字的字义，从而激发他们的学习动机。

第三，汉字与拼音最大的区别在于，拼音文字学习完之后，见到不同的生词，便可以按照拼音规则进行拼读发音，但不一定能知道其含义；而汉字则是学会了一定量的部件以后，遇见生字可以通过部件来推断其含义，却不一定能知道其读音，这是由于汉字属于表意文字，而拼音文字属于表音文字。因此，在教学过程中应该抓住汉字的这个特点，给学生讲解汉字的时候，在讲解字音和字义之前先对汉字进行字形结构和部件分析，让学生去猜测，再慢慢贯通整个字的意思，这样就在认识新字的同时，对部件知识做了一次记忆唤起，对汉字结构进行整体结构分析，从而强化复习了部件知识，学习运用了部件组成规律。

三、华文词汇教学心理

（一）华文学生学习汉语词汇的特点

1. 双音节词占比大

汉语的词语很大比例是双音节词，有学者曾做过测试，让16个外国学生听写十个单音节词，再听写与之相关的双音节词，得出的结论是双音节词的听写正确率远远高于单音节词的正确率。对于外国学生，单音节词的语音持续时间太短，听觉对大脑形成的刺激不够，从而产生错误的语义输出。双音节词的正确率远远高于单音词的正确率，说明一个词的刺激信息越多，感知、编码的线索也越多，在头脑中也就越容易表象出来，双音节词比单音节词多了一倍的语音线索自然更容易识记。例如，"地"和"地理""地面""地质"等词，不仅在听觉上多了一个音节，在意义上也更加明确。因此，加强对双音节词的教学，不仅有利于单音节词的学习，更有助于学生积累词汇，加深理解。

2. 复合词的意义复杂

汉语词汇具有很强的意合特征，复合词的意义总是反射出语素所包含的某些意义，外国学生如果像记母语那样从词的整体出发，综合记忆汉语词汇，就会导致最后的效果欠佳。汉语的语义特点在于单音节语素依一定的构词规律结合，因此学习者在认知词语的过程中，应当采用分析的思维方式，通过语素与语素之间的关系进行识记和积累。

（二）运用语义网络积累词汇

华文教师可以运用语义网络模式来帮助学生进行词汇的识记和积累，学生累积的词汇越多，所归纳的类别也就越多，这也符合认知心理学信息编码和记忆模式的理论。下面介绍四种方法：

（1）类比法：根据两个词语在某些特征上的共同点，用已学过的词，推出另一个词语。比如，用"前天—今天—明天—后天"推出"前年—今年—明年—后年"。

（2）同义法：就是把词义相同或相近的词语归到一起进行比较和记忆。例如，表示难过的感情词语"难过、痛苦、悲伤、悲痛、伤心"等可以放在一起识记；表示动作的词语"走、跑、跳、跨"等放在一起识记。

（3）种属法：将学过的词语按照事物种属的性质进行归类，建立一个个种属的语义网络。比如，颜色（红、黄、蓝、绿……）、动物（猫、狗、猪、鸡、牛、羊……）、文具（钢笔、铅笔、本子、尺子、橡皮……）等等。在一开始的时候，教师就帮助学生归纳这些种属语义网络，这也是一种归纳法的运用，学生把他们所学到的每一个词都纳入相应的种属网络库当中，有利于长时记忆。

（4）联想法：利用学生的发散思维来积累词汇，这一阶段也属于知识的应用阶段，只要符合他们的思维方式特征，就可以鼓励学生采用。例如"美丽"，可以鼓励学生联想"鲜花、美女、舒服"等词语，不过该法比较适合高级阶段的学生使用，教师在使用的时候应该注意教学对象。

（三）培养学生的元认知策略

刘琛（2004）介绍了一种元认知策略方法来教留学生学习汉语。

扩展阅读4.3

小王在教授学生汉语词语时，使用"问题单"的方法来培养学生自我调节、监控的能力，"问题单"如下：

预习阶段

1. 今天要学习关于什么方面的课文，里面大概有多少生词？

2. 这些生词里面我已经知道了哪些？这些已知的词语对我学习新的生词有没有帮助？

3. 我今天学习这一课的计划是什么？

4. 学完这一课或者这些词语后，我应该做什么？

复习阶段

5. 我按照自己的计划完成今天上课的内容了吗？如果没有，什么地方没有完成？如果完成了，有没有新的内容？

6. 今天老师讲的词语和例句我都明白了吗？如果没有，哪些没有明白？为什么不明白？

7. 我今天在课堂上有没有运用什么比较好的方法记忆和理解词语或句子？这些方法有没有起作用？如果没有，下一次我应该采用什么方法？

（节选自刘琛．从认知心理学的角度看对外汉语词汇教学［D］．上海：华东师范大学，2004：41－42）

知识的有效获取要求学生不仅知道"是什么"，而且知道"如何用"，只有用学到的知识来解决问题，才算是知识的获取，而能否有效地控制和调节自己的学习与认知，这个过程就是元认知策略的形成。学生在学习的过程中是无意识地思考如何培养自己的元认知策略的，因此教师在教课的时候，可以有意识地把这一概念融入教学中。这个案例中的小王老师正是通过有意识的训练，将这一概念融入教学中，让学生有意无意地学会自我调节和控制，让学生每天回答这七个问题，例如每次预习和复习课文的时候都可以问问自己，使学生盲目性减少，真真切切地明白自己为什么要这么做。

四、华文语法教学心理

（一）汉语语法的特点和意义

语法是语言的构造规则，如果只有词汇没有语法，词汇即使再多，也是一盘散沙；有了语法，才能够把词语组织成合格的句子，人们才能够进行交际。词语好比水泥、钢筋等建材，遵循一定的建造规则，才能把这些建筑材料建造成语言大厦，因此语法是语言不可缺少的有机组成部分。邵敬敏（2007）[①] 将现代汉语语法的特点归纳如下：第一，语序的变化对语法结构和语法意义起重大影响，"我们理解"是主谓结构，"理解我们"则是述宾结构。第二，虚词的运用对语法结构和语法意义有重要作用，某些语法结构，有或者没有这个虚词，结构关系以及语义会发生很大的变化，"爸爸妈妈"和"爸爸的妈妈"表示的意思完全不同。第三，汉语的词类和句子成分不存在简单的一一对应关系。第四，短语结构跟句子结构以及词的结构基本一致。在

---

① 邵敬敏．现代汉语通论：第2版［M］．上海：上海教育出版社，2007：167－170.

英语中，句子结构跟短语的结构有明显的区别，英语句子的谓语部分都必须有一个限定动词，而短语里是不允许有限定动词的，如果要出现动词，就必须采用动词不定式或动名词的形式。例如：

He files a plane. （他开飞机。）
To fly a plane is easy. （开飞机容易。）
Flying a plane is easy. （开飞机容易。）

但是汉语的动词，在任何场所，形式都不变。例如：

他走了。
我知道他走了。

从以上汉语语法的四个特点可以看出，华文语法的学习需要学习者摒弃母语的语法规则，避免产生语言负迁移的现象。对于学习者来说，语法教学就是为了使他们在学习汉语语音词汇的同时，尽快掌握用汉语语法规则来组词造句、连句成篇的技能，最终达到用汉语进行交际的目的。

（二）汉语语法教学的原则

1. 精讲多练，以练习为主

心理学强调以学生为中心，注意培养学习者自主学习的积极性，因此注重学习者的操练，而不要求教师进行过多的讲解。刘珣（2000）[①] 提出"语法教学不是解决能不能懂的问题，而是要解决会不会用的问题。语法规则不是讲会的，而是练会的"。语法的练习就是一种强化，常用的练习方法有：①机械性练习。如跟读模仿、重复、扩展等，这种练习在讲解新内容时是必不可少的。②有意义的练习。即让学生对课文进行附属、解释、讨论，学生进行到这一步骤，对应着知识的巩固阶段。③交际性练习。如自由会话、讨论、辩论、角色扮演等，这一部分要求学生对知识具有较强的掌控力，发挥主观能动性。

2. 深入浅出

华文的语法教学所教的语法是教学语法，而非理论语法。因此要求华文教师在教语法时应该尽量减少学生学习中的困难和障碍，在对所教语法内容理解深透的基础上，想办法用简明易懂的语言和直观的方式表达出来，这样才能使学生更容易理解。

3. 先易后难、循序渐进地安排语法项目

各课语法点的安排要尽量均匀，体现先易后难、逐步加深的原则。如必须先学复

---

① 刘珣. 对外汉语教育学引论：第 1 版 ［M］. 北京：北京语言文化大学出版社，2000：367.

合趋向补语然后再学可能补语，必须先学各种补语句然后再学"把"字句。教师做螺旋式的安排，逐圈加深，便于复习巩固。

扩展阅读4.4

1. 机械练习

教师口述或板书时间词和动词（词组），然后让学生用"才"跟所给的词语一起组成句子：

①周末早上十点　　起床　　　　　　④明年　　　　　大学毕业
②昨晚一点　　　　回到学校　　　　　⑤下个月　　　　回国
③今天早上　　　　预习这课的生词　　⑥下星期二　　　交作业

2. 扩展练习

教师口述前半句话，让学生用"才"接着说完后半句话：

①学校八点就开始上课了，他……
②昨晚的电影七点开演，我们……
③上个周末，我跟我的男朋友约好，上午九点见面，可他……
④本来我爸爸妈妈这个周末要来看我，可公司昨天要爸爸出差，所以他们得……

3. 交际练习

教师与学生根据实际情况进行问答，要求在必要的时候用上"才"：

（1）如果教师了解到某个学生昨天下课后，很晚才回宿舍，就可以问："昨天你们几点下课？"然后再问："你几点回宿舍？"

（2）如果了解到某个学生上个周末出去玩，很晚才回学校，就可以问："听说你上个周末出去玩了，你几点回到学校？"让学生讲一讲昨天或前天的事情，其中要包括他觉得发生得早的事情和发生得晚的事情，并在其中适当的地方引导学生用上"就……了"和"才"。

（节选自张和生．汉语可以这样教——语言要素篇［M］．北京：商务印书馆，2006：44－45）

（三）从认知规律探讨汉语语法的教学过程
心理学强调理解和创造性地运用语言，结合上一节知识"华文知识学习的一般心理过程"，从认知规律总结汉语语法的教学过程。

1. 理解阶段

这个阶段属于学习者的起点阶段，因此教师的讲解很重要，需要让学生掌握生词、新句式以及新概念，但在讲授过程中，所有新知识的讲解和传授要以学生旧有的知识框架体系为基础。此阶段提倡使用"以旧带新"的教学方式，因为这更适合语法的教授，同时也是由语法格式的相对固定特点决定的。

2. 语言能力形成阶段

这个阶段是通过训练和练习来培养学生的语言运用能力，此阶段是三个阶段中最重要的，教师不应讲解太多，应让学生掌握主动权。参照语法教学第一条原则的"精讲多练"，让学生做结构性练习和理解性练习。结构性练习以重复性练习和替换练习为主，例如教师在教授完一课新的内容后，让学生对课文进行复述，鼓励学生用新学的句式替换旧的句式，但是不能改变句子原来的意思。理解性练习包含多种形式，常见的有在教授词汇时，利用近义词和反义词进行生词的辨析练习或选择练习等。

总的来说，这个阶段的练习主要还是为了形成学生的某项或者多项语言能力，不太注重学生的创造性表现。

3. 运用阶段

此阶段主要是让学生进行开放式练习，以学生练习为重点。认知法强调语言听、说、读、写四种能力的培养一齐进行，因此，此阶段的练习方式也是多样的。例如，上完新课后以课文讨论、角色扮演、相互交谈等方式来进行听说训练，鼓励学生形成书面报告进行写作练习。

本章内容提要

1. 狭义的知识即为我们传统理解中的知识，一般仅指能贮存在语言文字符号或言语活动中的信息或意义，比如各门学科的事实、概念、公式、定理等。

2. 广义的知识，是指个体通过与其环境相互作用后获得的一切信息及其组织。它既不是客观世界的副本，也不由个体的遗传因素和主观意识所决定。它既包括个体从自身的生活实践和人类的社会历史实践中获得的各种信息（狭义的知识），也包括在获得及使用这些信息的过程中所形成和发展而来的种种技能、技巧和能力。

3. 华文知识指的是个体通过与客观事物在中国语言与文化方面的特征和联系的相互作用后获得的信息及组织，不仅表现为语言和文化的概念、定理、句法等"言语信息"，而且表现为华文的"策略性知识"。学习主体有关对自己的华文学习过程的知识，也是华文知识的一个有机的组成部分，这一部分称为"元认知知识"。

4. 华文知识分为语言知识和文化知识。语言知识包括华文的语音、汉字、词汇、语法和语用等语言要素的相关知识。文化知识则指与中国文化相关的、有利于辅助语言知识教学的文化知识，从文化的内在逻辑层次上，将文化分为物态文化、心态文化、行为文化、制度文化四个层次。华文文化知识包括知识的学习和文化技能的掌握。通过建立华文知识的分类，能够帮助教师和学生更加深入地认识华文知识的本质，从而建立起掌握知识的标准，更好地掌握华文知识。

5. 中国传统教育心理学对知识学习的过程进行了分析和研究，将知识学习的心理过程分为三个阶段：知识的理解、知识的强化和知识的应用。

6. 心理学家史密斯通过研究学生阅读过程中对阅读材料的理解水平，提出了阅读理解的四种水平，分别是：①字面的理解：即表面理解，简单地复述。②解释水平的理解：即分析概括，找出内在联系。③批判性理解：即评价，提出个人判断。学生能够超越文章本身内容和观点的限制，对其真实性、社会意义、价值做出自我的评价。④创造性理解：即独立见解，探索新的解答方案。学生能从课文或者阅读的内容和观点中，获得新的见解，解决新问题。

7. 影响学习者理解水平的主要因素：①学生的思维发展水平，即学生自我的智育、德育发展情况；②学生已有的知识经验；③学生理解学习的心理准备；④学习材料本身的性质，题易则易理解，题难则难理解；⑤教师的教学方法，在适当的教学方法下，学习效果必然事半功倍。

*8. 语音教学原则有：①学生为中心，教师为主导；②短期集中与长期反复操练；③及时反馈；④语音对比突出重难点；⑤注意复习，温故而知新。

9. 华文教师可以运用语义网络模式来帮助学生进行词汇的识记和积累，学生累积的词汇越多，所归纳的类别也就越多，这也符合认知心理学信息编码和记忆模式的理论。包括：①类比法：根据两个词语在某些特征上的共同点，用已学过的词，推出另一个词语。②同义法：就是把词义相同或相近的词语归到一起进行比较和记忆。③种属法：将学过的词语按照事物种属的性质进行归类，建立一个个种属的语义网络。④联想法：利用学生的发散思维来积累词汇，这一阶段也属于知识的应用阶段，只要符合他们的思维方式特征，就可以鼓励学生采用。

10. 汉语语法教学的原则：①精讲多练，以练习为主；②深入浅出；③先易后难、循序渐进地安排语法项目。

复习与思考

一、名词解释

1. 知识的分类　2. 华文知识的分类　3. 华文知识的理解水平

二、问答题

1. 简述华文知识的概念以及知识理解的概念。

2. 如何强化华文知识？请结合具体案例说一说。

3. 语音教学原则有哪些？请结合实际谈一谈如何进行语音教学。

4. 运用语义网络积累词汇的方法有哪些？请举例加以说明。

5. 请结合实际，谈一谈在华文教学过程中如何培养学生的元认知策略。

延伸阅读

［1］连榕，等. 华文教育心理学：第 1 版 ［M］. 北京：教育科学出版社，2010.

［2］张和生. 汉语可以这样教——语言要素篇 ［M］. 北京：商务印书馆，2006.

［3］朱勇. 国际汉语教学案例争鸣 ［M］. 北京：高等教育出版社，2015.

［4］刘颂浩. 阅读课上的词汇训练 ［J］. 世界汉语教学，1999 (4).

［5］刘琛. 从认知心理学的角度看对外汉语词汇教学 ［D］. 上海：华东师范大学，2004.

［6］魏梦媛. 浅谈对外汉语语音教学 ［D］. 郑州：郑州大学，2014.

第五章　学习策略

第一节　学习策略的含义及分类

美国心理学家布鲁纳在研究中发现，如果学习者在学习的过程中有意识地运用一些策略进行学习，其学习的效率和效果可以得到很大的提高，他在1956年首次提出了认知策略的概念，为学习策略的提出奠定了基础。

关于学习策略的定义，诸多学者提出了自己的不同看法，争论的焦点主要在于学习策略到底应该是外显的行为活动还是内隐的心理活动或者两者皆有。

斯腾伯格（Sternberg，1983）[1] 指出学习策略是由执行技能（executive skills）与非执行技能（non-executive skills）构成，前者是对学习任务和学习方法的规划，后者是针对具体学习任务的实际操作技能，想要达到好的学习效果，二者缺一不可。

丹塞罗（Dansereau，1985）[2] 认为学习策略是一种促进知识的获得、记忆及使用的一系列过程，可以分为基础策略（primary strategies）和支持性策略（support strategies），前者直接作用于学习材料，后者则属于元认知的范畴。

温斯坦（Weinstein，1985）[3] 认为学习策略包括：①认知信息加工策略，如精加工策略；②积极学习策略，如应试策略；③辅助性策略，如应对焦虑心理；④元认知策略，如监控策略。并且编制了标准化学习策略量表，包括信息加工、要点抓取、考试策略、态度、动机、时间管理、焦虑、注意力集中、自我测试、学习辅助手段十个分量表。

根据学习策略应该涵盖的内容，麦基奇（McKeachie）等人（1990）[4] 将学习策略总结为认知策略、元认知策略和资源管理策略三部分。认知策略包括复述策略、精

---

① STERNBERG R J. Criteria for intellectual skills training ［J］. Educational research, 1983, 12 (2)：pp. 6 – 12.

② DANSEREAU D F. Learning strategy research ［M］ //SEGAL J W, CHIPMAN S F, GLASER R (eds.). Thinking and learning skills：relating instruction to research – vol. 1. Hillsdale, NJ：Erlbaum, 1985：pp. 210, 272, 218 – 224.

③ WEINSTEIN C E, MAYER R E. The teaching of learning strategies ［M］ //WITTROCK M C (ed.). Handbook of research on teaching. 3rd ed. New York：Macmillan, 1985：pp. 315 – 327.

④ MCKEACHIE W J. Teaching and learning in college classroom：a review of the research literature ［J］. Information infrastructures' information & software technology, 1990, 36 (5).

细加工策略、组织策略；元认知策略包括计划策略、监视策略、调节策略；资源管理策略包括时间管理、学习环境管理、努力管理和其他人的支持。这样的内容分类对我们论述华文学习的策略也有重要的借鉴意义。

除了上述普遍性的学习策略定义以外，下面一些学习策略直接立足于二语习得的角度来提出，对华文学习策略的提出将更具启发性与实用性。

牛津（Oxford，1989）[①] 根据策略与语言材料的关系，将学习策略分为直接策略和间接策略，直接策略包括记忆策略、认知策略、补偿策略；间接策略包括元认知策略、情感策略、社会策略。

马莱和查莫特（O'Malley & Chamot，1990）[②] 在针对第二语言学习策略研究时，将二语的学习策略分为认知策略、元认知策略和社会—情感策略，并且将元认知策略提到了其他两种策略之上，策略之间具有层级关系。

中国学者文秋芳（1996）[③] 对英语学习策略的定义对华文学习同样有借鉴意义，文秋芳将英语学习策略定义为观念和方法两部分，观念是学习者对于如何学好英语的认识，而方法即根据这种观念，为提高英语学习效果而采取的行动。

语言是一种技能，但第二语言的学习却不仅仅是一种简单的技能学习，除了学习活动所共有的特点以外，因为与社会、文化、个人情感活动有着十分密切的关系，因此第二语言学习还具有一些其他技能学习所不具有的特点，针对这些特点，需要对上述的学习策略进行取舍与补充。在这里，我们认为华文学习策略是指学习者为了提高华文学习的效率和效果，在学习过程中有目的有意识地调控学习过程的方法，涵盖了一般的认知策略和元认知策略方面的内容，而针对华文学习的特殊性，采用马莱和查莫特的分类形式，加入与语言相关的社会情感等方面的内容。

第二节　认知策略与华文教学

认知策略是指直接作用于语言习得过程中的一些方法和技巧，这些方法和技巧的目的是提高语言学习的效率，巩固和加强学习的效果，使语言知识和信息的记忆更加容易和稳固。

在华文学习中常用的认知策略包括复述策略、精加工策略和组织策略等，在这三类策略之下是很多更具体更实用的认知策略，针对不同的学生、不同的学习环境、不

---

① OXFORD R，CROOKALL D. Research on language learning strategies：methods，findings，and instructional issues ［J］. The modern language journal，1989（4）.

② O'MALLEY J，CHAMOT A. Learning strategies in second language acquisition ［M］. Cambridge：Cambridge University Press，1990.

③ 文秋芳. 英语学习策略论——写给立志学好英语的朋友 ［M］. 上海：上海外语教育出版社，1996：5.

同的学习材料等，这些具体的策略提供了多种多样的学习技巧和记忆捷径。

一、复述策略

复述策略在语言学习中可以说是最常使用的一种策略，语言习得需要大量的反复练习，并且需要长期地坚持，因此复述策略可以说是贯穿于语言学习全程的一种策略。我们可以把复述策略分为记忆阶段的复述策略和复习阶段的复述策略。

（一）记忆阶段的复述策略

使用复述策略进行记忆，记忆可以分为有意记忆和无意记忆、整体记忆和部分记忆、多次阅读后记忆和边读边记以及多渠道输入记忆。

有意记忆指学习者本身有目的，并且经过了努力进行的记忆。例如学习者需要通过的考试的内容；学习者自己感兴趣而想要记住的华文知识，如一些谚语诗句；学习者在生活中涉及的需要解决的语言困境，如学生去银行、医院、商场等地方寻求服务时需要用到的语言等。

相对地，无意记忆即学习者没有目的，也没有付出努力，但不知不觉间就完成了的记忆。例如学生对有强烈冲击的事物或情景容易生成无意记忆，一个生动的例子是一个从未学过华文的美国人，来到中国第一次吃火锅，深深惊叹于火锅的美味，只在一餐饭的时间内就自然地习得了"火锅""金针菇""牛肉""酸奶"等词语，并且能够运用这些词语向服务员点菜。而课堂上华文教师的常用教学语言也是一个例子，很多情况下老师虽然没有特别讲解或强调过这些词语或句子的意思，如"跟我读""抄下来""作业""例句"等，但基于课堂的实际交际情景，学生首先能够猜到老师说出的这些语句的意思，同时在上课的过程中这些语句又被不断地重复输入，因此学生可以在潜移默化中习得。

因此在教学中，例如句型教学时，教师可以尽量多地使用学生需要学习的生词反复地进行句型操练，使学生在学习句型的同时，自然而然地记住生词。

对于内容关联性强、篇幅短小的学习材料，学习者应该采用整体记忆的策略，这样方便他们在头脑中对所学知识建立起联系，不仅可以一次性较全面地掌握一个华文知识点，而且可以避免其他不相关信息的干扰，自然也就减轻了记忆的负担。例如，学习华文关联词的时候，一些常用的、固定搭配的，而且一般不拆开单用的关联词就需要一起记忆，如"一边……一边……""不仅……还……""即使……也……""与其……不如……"等。

针对不同的学习材料，有的时候，我们又需要教学生将整体拆分，一部分一部分地进行记忆，降低对长篇幅学习材料的记忆难度，也减轻学生的畏难心理。例如背诵长篇的课文时，分段背诵就是一个我们常用的策略，或者是在记忆一个较长的定义或概念时，我们可以先弄清楚这个概念中几个事物间的关系，然后再记住每个名词之前的定语，这样就可以比较快速而准确地记忆这些冗长而拗口的材料。

除了分析学习材料本身以外，使用多种渠道同时向学生输入也是一种有效提高记忆效率的方法。研究表明，人们对自己看到的内容可以记住30%，对自己听到的可以记住20%，对自己阅读到的内容可以记住10%，而记住最多的是自己所说的内容，可以达到70%。心理学家帕韦尤（Paivio，1975）[1] 在解释长时记忆是如何被加工储存时提出了双重编码理论，所谓双重编码就是指人们通过视觉表象和言语表征两种方式加工记忆材料，并且这两种方式往往不是平均的，倾向于使用视觉表象的人，称为形象型的人；倾向于使用言语表征的，则称为言语型的人。

由此可见，除了通过视觉以外，还应该通过听觉、触觉向学生全方位地展示需要记忆的材料，不同学习者倾向的记忆方式是不同的，教师每多用一种方式进行教学，就可以多为学生减少一些记忆的难度。同时不仅是教师向学生输入，更应鼓励学生对自己所学到、所记忆的内容进行整理汇编，然后再口头转述出来，这样能够大大加深印象。

除了上述策略分类法以外，学习者们采用的记忆手段还可以分为两种，即重复操练记忆和边练边记。例如在背诵课文时，采用重复操练，通过大量多次地诵读课文，自然而然地记熟。边练边记则会先通读一两遍课文，接着开始通过默背等方式尝试记忆，背到没记住的地方再看书，然后继续默背。

重复操练法相对于边练边记法，更近似于无意记忆，学习者不会感到太过疲累，记忆的效果也很牢固。但也有可能出现学习者"小和尚念经，有口无心"的状况，只是在机械地诵读，脑子却根本没有思考。而边练边记就可以较好地集中学习者的注意力，同时由于使用了元认知策略，学习者能够及时地发现自己的不足，及时修正，从而提高记忆的效率。

扩展阅读5.1

柳燕梅和江新（2003）通过实验测试研究了在汉字学习上，两种方法作用于零起点的欧美学生的差异。一种是反复抄写汉字，一种是先在屏幕上呈现测试的双字词，然后教师指导学生分析汉字部件结构等，三分钟后屏幕上的字词消失，学生默写刚才看到的词。之后屏幕上再出现刚才的词，教师指导学生对比屏幕上正确的词语，分析自己哪里写错了，同样三分钟后屏幕上的词再消失，学生再次默写词语。接着第三次呈现正确词语，学生再对自己写出的字词作分析，然后屏幕上的词消失，最后学生再

① PAIVIO A. Coding distinctions and repetition effects in memory [A]. Orlando, FL: Academic, 1975: pp. 179-214.

写一遍词语。

结果表明，在汉字记忆方面，总体上边练边记比重复操练法更有效，特别是在字形的记忆上。

（节选自柳燕梅，江新. 欧美学生汉字学习方法的实验研究——回忆默写法与重复抄写法的比较［J］. 世界汉语教学，2003（1）：59－67）

因此在汉字教学时，应鼓励学生多采用这样边练边记的方法，在练的过程中教师要指导学生对汉字进行分析加工，使他们能够启用元认知策略对自己的记忆过程进行监控和管理。

（二）复习阶段的复述策略

学习第二语言时，我们都对复习的重要性有深刻体会，一个语言知识点在被记住以后，还需要不断地运用和反复强化，这样才能从简单地记住到真正习得，从短期记忆转入长期记忆，因此不断地复习对语言学习来说是至关重要的。德国心理学家艾宾浩斯（1885）采用节省法并以无意义音节为实验材料，发现人类的遗忘规律并不平衡，先快后慢，如下图所示：

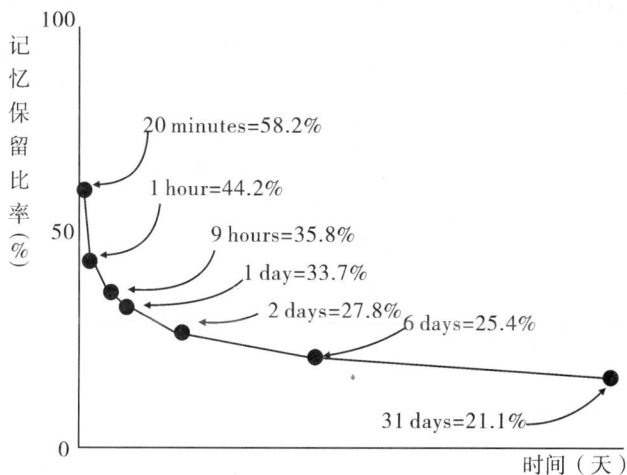

艾宾浩斯的记忆遗忘曲线

首先是及时复习，根据上图中艾宾浩斯的记忆遗忘曲线来看，识记后的二十分钟是遗忘速度最快的一段时间，可能遗忘将近40%的记忆内容，一个月后可能就只剩下20%左右。如果能够依据遗忘曲线制定的复习点来复习，则可以保持记忆材料终身不忘，第一个复习点就是记住材料之后的二十分钟左右，然后是一小时、两小时、一天，可见时间间隔都不长，因此一定要注意复习的及时性。杨朦萌（2014）[①] 以量表和问卷调查的方法调查了中美两国大学生在汉字学习策略方面的差异，发现在汉字学习方面，及时复习有助于帮助学生找到新旧汉字之间的联系，从而使学生更快地学会新的汉字，也再次加强对旧知识的记忆，这比仅仅让学生把新的汉字结构图式化更有效率。

复习是一个需要长期坚持的过程，从艾宾浩斯的记忆遗忘曲线来看，对某一刚学到的知识点要复习得比较勤快，慢慢地巩固以后，才可以渐渐加长复习的间隔时间，由一段时间内集中地复习分散到长时间内复习。除了时间的分散以外，还有复习内容的分散，例如《博雅汉语》《轻松学中文》《发展汉语》等系列教材，都是在每课后有当课内容的练习复习，并且在一个单元或每五课之后还有单元练习或几课中所有的语言点小结以供复习。

复习也是一个加深记忆的过程，因此多种形式、多种手段地复习同样能够提高复习记忆的效率。以单词复习为例，有很多方式可以代替单调的听写复习，陈晓宁（2005）[②] 在研究华文初级听力教学中的词汇复习巩固问题时，认为可以用情景法来帮助他们串联复习学过的词汇，例如学生已经学了亲属称谓，食物名称，天气，汽车站、图书馆等地点名称，以及看书、打羽毛球等关于活动爱好的词语，这时教师就可以通过一个简单的小故事串联起所有词语，词语排列的顺序可以变动。

扩展阅读 5.2

例：我爱我的家。我家有九口人：爷爷、奶奶、爸爸、妈妈、姐姐、哥哥、弟弟、妹妹，还有我。我家还有一只小狗和一只小猫。我家的左边是汽车站，右边是图书馆，前边是超市，后边是火车站。欢迎来我家玩！我每天早上六点起床。起床以后，我去运动场。我有时候打太极拳、乒乓球，有时候打羽毛球、网球。七点，我吃早饭。早上我喜欢吃面包和鸡蛋。今天天气很好，是晴天。上午，我想去邮局和银行。下午，我去天安门广场，我坐地铁去。晚上，我想和朋友们一起去饭馆吃饭，今天是他的生日。我们都喜欢米饭、面条、鱼、鸡，还有菜。我们不喜欢喝酒。我十点睡觉。睡觉以前，我喜欢看书、看电视、看报纸。

（节选自陈晓宁. 汉语初级听力教学中词汇的复习与巩固 [J]，语言文字应用，2005（A1）：57－59）

---

① 杨朦萌. 不同语言环境下初级阶段学生汉字学习策略研究 [D]. 上海：华东师范大学，2014：24－62.
② 陈晓宁. 汉语初级听力教学中词汇的复习与巩固 [J]. 语言文字应用，2005（A1）：57－59.

同时，在复习时我们也应该注意实践的重要性，实践不仅是检验学习效果最好的方式，其本身也是对所学内容的复习。特别是对第二语言教学来说，如果学生学习的知识只能用于完成练习、应付考试，而不能运用于实际的交际，那么这样的语言教学就失去了最根本的意义。因此教师在带领学生复习的时候可以注意设置情景，让学生在实践中复习。

例如，学习了与天气相关的词汇后，就可以在每天早上见面的时候指着窗外问一问学生："今天天气怎么样？"学生也会根据实际的天气情况努力运用所学知识作答。这种方法对语法复习也同样适用，如果学生刚学习了"把"字句，那么教师可以在课堂上假装不经意打翻一杯水，然后说"我把水打翻了，水把书弄湿了，同学们把纸拿给我，我把水擦干净"等一系列"把"字句，这样句式与情景相结合，就能让学生很快体会到"把"字的用法。

除了上述具针对性的策略，在进行记忆的时候还有一个普遍适用的原则就是适当地过度记忆，一般来说记忆的牢固程度总是和复述的次数成正比的，150% 的过度记忆是最适宜的，例如一篇课文，如果复述 10 遍学生刚好能够记住，那么想要记得更牢更长久的话，学生应该复述 15 遍左右，复述太少记忆效果不好，忘记得很快，太多也会导致疲劳和麻木。

二、精加工策略

精加工策略（elaborative strategy）是指通过对学习材料进行深入细致的分析，理解其内在的深层意义，以达到保持长期记忆目的的一种策略。通过联想与生发，使新知识与已有知识取得联系，进入已有知识网络中，这样可以使脑海中的新知识更容易唤起，更容易检索，即使直接地唤起和检索出现困难，也能够通过旧有的知识网络间接地把所需要的新知识推导出来，因此能否熟练地运用精加工策略是成功的学习者和非成功学习者之间的一个重要区别。

精加工策略的运用还能够促进新知识的长期保持，加强新旧知识间的可辨性，扩充学习者的知识容量，并使知识结构不断完善，为更高层次的学习与研究打下基础。

（一）联想策略

面对本身意义性比较弱、联系性不强的记忆材料，如汉字、词汇，特别是量词、虚词等；或者是有很大相似性、很容易混淆的记忆材料，如形近字、同音词、平翘舌音、前后鼻音等，学生就需要自行为这些记忆材料赋予意义和联系，使记忆更高效。

具体的方法如编歌谣。周晓康（2009）的华文教材《晓康歌谣学汉语》（第 1 集）① 中就采用了编歌谣的方法。它是全球第一套卡拉 OK 中英双语韵文教材，在海

---

① 周晓康. 晓康歌谣学汉语：第 1 集 ［M］. 北京：北京大学出版社，2009.

外对外汉语初级教学中有广泛的使用经验，前三课《字母歌》《笔画歌》和《四声歌》分别介绍了华文语音和汉字方面最基础的知识，随后的第四课《山水歌》和第五课《林火歌》则教授了一些最基本的象形、会意字。教材中的歌谣内容涉及国家、职业、动物、饮食、文化等各方面的知识，难度循序渐进，将学习材料配合韵律、曲调，易于背诵和记忆。

除了韵律和曲调的辅助以外，《晓康歌谣学汉语》（第 2 集）[①] 中的歌谣还有一个特点就是不断复现学习材料，一首歌谣内会将重点的词汇和句型重复两到三遍，加深学生的印象。例如第四十九课《你想吃什么？》的歌词：

你想吃什么？我想吃热狗。你想喝什么？我想喝果汁；兰兰爱吃汉堡包，大卫爱吃冰淇淋；弟弟喜欢喝牛奶，妹妹喜欢三明治。

就将句型"你想吃/喝什么？""××爱吃/喝××"重复了两遍，关键词"吃"和"喝"也不断复现。

除了编歌谣、顺口溜以外，联想的方式还有语音联想、语义联想、形象联想等。对于日韩学生来说，其本国语言中有很多词汇的发音与现代汉语是很相似的，例如韩语中的太阳、出发、态度、歌手、图书馆等，日语中的修理、理由、自信、经济等等，针对日韩学生，利用他们的本国语言中这些发音相近的词汇进行语音联想，就能很快掌握华文中这些词汇的发音。实际上除了上述例子以外，日韩语言中的大量名词都与华文发音相似，因此教师可以在这方面多多发掘，引导学生。

除了利用语音以外，语义也可以用于联想教学，例如在进行形近字的教学时，《汉语课堂教学技巧 325 例》[②] 提供了这样的例子：

"干"字歌：工人叔叔真能干，中午戴上帽子干。干到两点很平常，干到三点流大汗。靠着木杆来休息，天黑走路往家赶。

歌谣中的内容直接提示"干""午""平""汗""杆""赶"几个形近字中的部件或形旁，因此可知，分辨"飘"和"漂"，"材"和"财"等形声字，语义联想对学习者分辨字形字义有很大的帮助。

汉字教学中还有一个重要的手段就是形象联想，众所周知汉字是由象形文字发展而来，虽然经过很多变化，但依然有很多汉字可以利用形象联想的方法来帮助记忆。例如"雨""雪""山""鱼""井"等象形字，"买""卖""采""光"等会意字，

---

① 周晓康. 晓康歌谣学汉语：第 2 集［M］. 北京：北京大学出版社，2010.

② 周健. 汉语课堂教学技巧 325 例［M］. 北京：商务印书馆，2009：100.

"本""末""刀""刃""上""下""卡"等指事字。

例如"雨"和"雪"，教师可以引导学生将"雪"字的下半部分想象为一层层堆积的雪；"买"和"卖"可以想象为头上顶着货物去卖，头上没有东西了就需要买；"卡"字更为形象，不上不下就是卡住了。

还有一些常用的辨字顺口溜，如"横戍点戌戊中空，己缺巳满已半头"等，不仅中国人自己常用，也适用于将华文作为第二语言的教学。

对于不容易记住的学习材料，还有一个能够加强记忆的方法就是将材料与学习者自己的情况结合起来，也就是题材的个体化。例如，很多欧美学生由于受到母语负迁移的影响，经常会将状语后置，而泰国和韩国的一些学生则经常出现定语后置的情况，针对这些问题，可以使用与学生自身情况结合紧密的例子来进行操练，让他们更容易记住。

扩展阅读 5.3

对一个俄罗斯家庭主妇进行教学时，教师使用的例句是："艾瑞娜每天早上九点起床，在家吃早餐，十点到十二点去游泳池游泳，下午两点到四点来学校上汉语课，晚上七点和丈夫在家吃晚餐。"

对一个德国上班族使用的例句则是："艾利克斯早上七点半起床，骑自行车去星巴克喝咖啡，八点半骑自行车去公司上班，下午五点半来学校上汉语课。"

对一位在跨国公司工作的韩国学生使用的例句是："朴振容在暨南大学的经济学院读博士，有一位很认真的导师。朴振容了解很多金融知识，他去过中国的很多地方，他认为中国的经济发展很快，但是还有很多需要改善的问题。最近他租了一套新房子，房子周围有一些好吃的韩国饭馆和湖南饭馆。"

（节选自暨南大学华文学院教师采访，2016）

以上例句的内容就是学生每天日常生活工作的内容，是他们每天要经历的事件或要用到的词语句子，与教科书上的课文让学生感到比较陌生或疏离不同，而且这些例句针对学生存在的问题使用同一句型反复训练，能够很快矫正学生的偏误。

（二）生发策略

联想策略适用于意义性不强、可能需要死记硬背的知识，而处理一些本身意义性比较强的知识，学习者就应从以下几方面着手，如做笔记、提问等。

在学习新知识的时候，做笔记是一个既常用又实用的方法。从信息加工的角度来看，做笔记能够帮助学习者重新整理材料，理清思路，发现知识间的新联系、新规律。同时，笔记中的备注、评论等，可以启发学习者的新思路；而概括、标题和提纲等又能帮助学习者快速抓住关键知识点。笔记还是一种永久的稳固的外部记忆储存方式，俗话说："好记性不如烂笔头。"笔记对于学习者复习、巩固知识有重要的作用。

既然做笔记如此重要，我们就需要教给学生一些高效的做笔记方法。笔记绝不仅仅是学生对老师给予的信息的简单复制，更是学生自己对知识信息的二次加工。首先，笔记要留出一定空白用于备注和评论；其次，笔记的记录要完整有条理，如果有些内容来不及完整记录，学习者一定要抓取重点记录。例如，老师在展示一个句型时，如果其中某些名词或定语过长或不是自己所熟悉的，降低了记录的速度，学习者可以将这些名词简化为"A""B"或代表主语、宾语的"S""O"，或省略一些定语，这样可以帮助学习者快速记录下最重要的内容。如"把"字句教学过程中，只需要记录"A 把 B + 动词 + 补语"。

除了学习者要掌握记笔记的捷径以外，老师也应该考虑怎样为学习者提供高效简洁的笔记内容。首先，板书内容不宜过多，书上有的或容易查找到的内容可以不写，多写总结性、评论性的内容。其次，板书的结构和层次要清晰，标题要简洁，重点要突出。再次，老师授课进程不宜过快，要留下一定的时间让学生思考，特别是对于华文课堂来说，由于汉字本身的特点，很多学生写汉字的速度是很慢的，所以老师一定要注意为学生留出记笔记的时间，避免出现老师已经在讲后一页的内容，学生还在忙于记前一页的笔记而无法集中注意力听课的现象。

对于意义性强的学习材料，理解意义才是最重要的任务，因此检验学生理解与否的一个最重要的手段就是提问，提问的形式可以是教师对学生提问、学生互相提问、学生自我提问。在华文教学的课堂上，提问可以促使学生自主、努力地进行表达，可以让学生独立地发现问题、探究问题、解决问题，可以调动学生积极的态度和多样化的情感。

例如由王俊毅（2008）编著的汉语教材《成功之路　跨越篇 Ⅰ》中的第二课"学会放手"①，课文从母亲的视角切入讲述了儿子搬出家独立生活的过程和父母的心路历程：

扩展阅读 5.4

学会放手

半夜一点左右，在书房里听音乐的儿子忽然走进来，在我对面的沙发上坐下，认真地对我说："很久都没跟您聊天了，我们聊聊吧。"

我看他情绪不错，便取下眼镜，放下手上的书，问："聊什么呢？"

---

① 王俊毅. 成功之路　跨越篇　Ⅰ［M］. 北京：北京语言大学出版社，2008：19 – 33.

"什么都行啊。刚刚听了一会儿音乐，不想马上去睡觉。"儿子问起我和他爸爸最近的情况，也大概说了说他的工作，并得意地再三强调他在公司里受到的重视。忽然，他很少有地以充满感情的语气对我说："今天，我如果有一点儿成绩，都得感谢你们。若不是你们的培养，我怎么能在事业上这么顺利呢？平时我从来没说过，但是，心里真的很感谢爸爸妈妈。"

我感觉有些不好意思，只是不停地说："我知道，我知道。"

儿子拉了一把小椅子，坐到我面前，拉起我的手，眼里闪着泪光，坚持说："你不知道，妈妈，我的人生如果像一颗洋葱，从外边一层一层地剥，剥掉的可能先后是娱乐、朋友、工作、女友……剥呀剥，留下来的最重要的就剩下你们了。"

说完，他把头埋在我的膝盖上，等抬起头来时，居然满是泪水。说实话，我被他吓了一跳。儿子一向跟我没大没小的，现在的样子，实在太反常了。

儿子不理我，只管接下去说："射手座的人，不会轻易说出心里的话，今天终于说出来了，感觉真的很轻松。妈妈，不管发生什么事，你一定要记得，我有多么爱你们。"

那夜，一直到凌晨三点多，我再三保证了解他的爱后，儿子才依依不舍地放我去睡觉。我心里有些激动，更多的却是不安：这孩子到底发生了什么事？

中午打开电脑，一封充满感情的电子邮件出现在眼前。"昨晚跟妈妈聊天很开心。以前，有好多次，感谢的话已经到了嘴边，却又一下子溜了回去；昨晚，25 年来没讲的话一下子都讲出来了。25 岁是个尴尬且矛盾的年龄，我正感受着这种尴尬与矛盾。你的担心，我知道。妈妈，别担心，我爱你。你们把我生得太出色了，谢谢！希望我依旧是你们的宝贝儿子。"

到底是为什么呢？我们夫妻二人想来想去，也想不出是怎么回事，于是开始小心地观察他的一举一动，害怕出什么问题。可是，日子一天天过去，好像也没什么具体的变化，紧张的心放了下来。直到一个半月后的一天晚上，我和先生突然想起儿子竟然在外边住了好几天，一直没有回家，两人一琢磨，这才明白过来。原来那一晚他是为搬出去独立生活做准备，怕我一下子接受不了，所以，先给我打预防针来了。

"可是，他把自己看得太重要了吧？我巴不得他赶紧搬出去呢！"

我一边故意轻松地开着儿子的玩笑，一边不由得想起三年来的种种奋战。自从儿子开始工作，周末的晚上经常很晚回家，我便患了严重的焦虑症。每过一段时间，我就会在夜深的客厅里，对着晚归的儿子大叫："你难道就不能可怜可怜我，改变一下生活状态吗？不然，请你赶紧搬出去住吧。再这样下去，迟早你们要到精神病院去找我。"

那段日子，我的神经紧张极了。儿子总劝我去看心理医生，坚持说一个二十来岁的男人过自己想过的生活是很自然的事。我们反复辩论，直到双方都累得靠在墙角，筋疲力尽，一句话也不想再说。

就这样过了三年，他终于去实现自己的想法了。

我坐下来，一点点回想那晚他跟我谈话后的这一个半月。那次谈话以后，他小心地逐渐增加不回家的频率，并且把衣服一件一件带走，然后，在我不知不觉中，独立生活已经成为事实。一向粗心大意的儿子在这件事上却细心体贴，想起来真是让我感动。看来，我必须接受儿子已经长大的事实。然而，放开手是多么难啊！

"家里有剩菜吗？我可以回家吃晚饭吗？"后来，儿子有时间时会在下班的路上打电话问我。

"当然有啦，赶快回来。"

放下电话，先生和我不约而同地从椅子上跳起来，急忙冲进一点剩菜也没有的厨房，紧张地忙起来。因为放手真的很难，所以，我们用热腾腾的饭菜迎接儿子独立后的每一次归来，让每一次的牵手，掌心里都仍留着前一次的温暖。

（节选自王俊毅．成功之路　跨越篇　Ⅰ［M］．北京：北京语言大学出版社，2008：19－33）

课文后设置了六个问题，例如："儿子找作者谈了些什么？""夫妻俩为什么观察儿子的一举一动？"这样的问题基本可以在课文中找到原句作为答案，因此难度较小。还有的例如"儿子为什么突然要找作者聊聊？""作者为什么患上了严重的焦虑症？"这样的问题就需要学生读懂课文以后进行概括提炼才能够回答。

除了六个按课文内容回答的问题以外，还设置了三个讨论问题，如："在你的国家，孩子长大后和父母的关系是怎样的？""你和父母发生过矛盾吗？为什么？"这样的问题可以由老师向学生提问，也可以让学生之间互相讨论。这样的问题是从课文中扩展出来的，需要学习者更进一步的努力才能够回答。

除了教材中提供的问题，教师还可以再进一步延伸，提出一些引起思考的问题，例如："假如你要离开家独立，会做些什么准备？你怎样照顾父母的感情和情绪？"这类问题要求学生独立思考，自己向自己提问。这样，学生对课文的理解是层层递进的，回答问题所需要付出的努力也是逐渐增加的。

（三）实用策略

大部分人都有这样的经验或体会，就是有些知识我们虽然刻意回忆时能够回忆起来，却不会自发地用来解决问题。例如，在学习外语时很多单词我们看见时能够知道是什么意思，听写时也能够正确拼写，可是在写作文时却几乎不会想到运用这些词汇。类似这样的知识就是"惰性知识"。

语言是人类最重要的交际工具，也是思维工具，作为工具，其根本的价值在于使用，特别是对于华文教学而言。很多华文教师或多或少都遇到过一些这样的学生：被父母逼迫来学华文的，因为生存需要而不得不来学华文的，对华文有一点兴趣但学习意志并不坚定的。这些学生一是学习态度不积极，二是学习懒散不努力，三是学习时间断断续续，而且一般不会长期学习。因此在华文教学中，我们尤其要重视语言的实用性，帮助学生发现学习华文的价值，教会学生如何运用所学的华文知识，这样学生才能够产生学习的兴趣，保持学习的动力，因此除了了解处理语言材料的策略以外，我们还应该学习如何运用学到的语言知识的策略，即实用策略。

例如教材中课文所涉及的内容应该尽量贴近学习者的生活，而不是一味为宣传中国文化而作。很多教材在介绍食物的时候多是介绍中国菜，"饺子""麻婆豆腐"之类的词很常见，但实际上对于生活在中国的很多外国人来说，他们日常生活中最常吃的还是西餐和快餐，因此比起"麻婆豆腐""宫保鸡丁"之类的词汇，向他们传授中文中各类西餐食物的说法也许是更急需的。

还有的教材因为编写的时间较久，很多词语和句子已经脱离时代，例如北京大学出版社 2005 年出版的常用教材《博雅汉语初级起步篇 1》[①]，其中的课文还有类似"你有手机吗"这样的提问，显然在现在已经不太合适了，那么教师在处理这样的课文时就可以结合实际情况自行修改，如果改为"你有微信吗"，学生就能在实际生活中直接运用到课堂上所教的东西，从而提高学习效率。

要鼓励学生抓住一切机会运用华文，创造自己学习语言的机会，学习者当然会面对很多因为语法或词汇知识不足而产生的交际困难，但在实际的社交活动中，学习者能够自觉地调动一切手段推测领悟对方的想法，并且使用迂回补偿的策略充分表达自己的意思，这样能够快速地提高学生的语言水平和交际能力。钱玉莲（2007）的《韩国学生汉语学习策略研究》[②] 得出韩国学生学习华文阅读时最有效的策略就是语境策略和推测策略的结论，也可以作为辅证。

除了在实际生活中运用华文知识，在更深层次的华文学习中同样要利用之前学到的知识。下面是一个语法练习的例子。

扩展阅读5.5

要求学生学会用"动词 + 宾语"完成对话中的"比"字句。

A. 玛丽，你帮我分析分析这个问题吧。
B. 丽达比_____，你最好让她帮你分析一下。

完成这个练习，教师的指导过程可以是：第一，引导学生分析、理解对话中的人

---

①　李晓琪. 博雅汉语初级起步篇 1 ［M］. 北京：北京大学出版社，2005：45.

②　钱玉莲. 韩国学生汉语学习策略研究 ［M］. 北京：世界图书出版公司，2007：106.

物关系及表达方法；搞清"比"的宾语是 B，即玛丽，在 B 所说的话中必须以"我"出现。此步完成"丽达比我……"。

第二，引导学生根据对话 A 找出动词、宾语之所指，即分别是"分析""问题"。强调因为是"比"字句，谓语动词不能重叠，A 中的"分析分析"在 B 中只能用"分析"。此步生成基本句子"丽达比我分析问题"。

第三，从"比"字句语义特征入手，引导学生认识这个初步形成的句子并不能表示比较，还缺少必要的成分，这个成分可用能愿动词"会"（课文及练习中已有相关的词组出现），表示丽达分析问题的能力比"我"高。此步得出正确句子"丽达比我会分析问题"。

第四，根据学生掌握知识的情况，灵活决定"会"前是否添加副词"更"。

（节选自李海鸥．对外汉语课堂教学的路径设置与实施——基于初级汉语读写课教学案例的分析［J］．华文教学与研究，2009（2）：26–31）

分析上面的教学过程，我们可以发现，教学时除了教师的直接讲解以外，大部分知识需要学生依靠以前的学习基础，在教师的引导下，自行推论、猜想和理解。首先学生必须结合从前学习的关于动词和宾语的知识，在此基础上生成基本句子，然后使用之前课文和练习中已经出现的能愿动词"会"，表达能力的高低，最后得出正确的句子。

三、组织策略

组织策略实际上就是对语言材料的一种深层次的复杂的编码，通过分类、类比、画指示图等方式，帮助学习者了解所学知识的结构，将新知识与已有的知识结构联系起来，集中信息，便于更好地进行管理和记忆。

（一）归类

有研究表明，当向人们呈现一系列词语时，人们总是按类别和语义进行记忆，而不是按它们呈现的顺序，因此在学习汉字或词汇时，将需要学习的内容按一定的意义分类，将有助于记忆。

在词语教学中，除了正向的词语分类以外，也可以使用反向的，在一系列词语中挑出不是一类的词来检验学生是否掌握了词义，如"苹果""香蕉""梨""西瓜""牛奶""草莓""葡萄"，从中就可以挑出"牛奶"一词。

汉字教学中形声字的教学就是归类法，例如以"月"为部首的字，如"腿""脚""肩""臂""脖""肝""肾""肠""肺"，都是与身体部位相关的字；以衣字旁为部首的字，如"衬""衫""裤""裙""袜""袖"等，都是和衣服相关的字；

或者是以"青"字为声旁的，如"请""情""清""晴""箐"，虽然声调不同，但多为 qīng 的读音。

（二）组块

除了归类法以外，还可以使用组块记忆的方法，根据心理学的研究，人的短期记忆量是有限的，为 7±2，因此如果一次性输入过多的记忆信息，学习者的记忆负担就会非常大，也不可能记得牢。因此，要在短期内记住更多项目的一个方法就是将这些内容组合成更大的模块，减少模块的数量。

例如华文语音教学中的整体认读音节，zhi、chi、shi、ri、zi、ci、si、yi、wu、yu、ye、yue、yuan、yin、yun、ying，这些音节虽然也是由声母和韵母组成，但因为添加韵母后读音仍和声母一样，或者是添加声母后读音仍和韵母一样（yuan 除外），所以没有拼读的必要，作为整体认读音节直接读出。

除了拼音可以整体认读，汉字中也有可以整体认读的部分，以周健（2009）《汉语课堂教学技巧325例》当中第90例所列的汉字为例：

"卖"字读音为 mài，但作为一个整体认读部件后，其构成的字，如"读""犊""牍""渎"都读作 dú；"册"字读音为 cè，但作为部件构成的字，如"删""珊""姗""跚"都读作 shān。

还有华文教学中的语块教学，短语层面的成语、惯用语、歇后语、习用语；句子层面的谚语、格言、常用关联词句型等，都应以语块的形式进行教学与记忆。

（三）列表格

组织策略中还有一项适用于华文教学的技术就是列表格，特别是在近义词辨析方面，利用表格进行词语的义素对比，能够使学生一目了然，迅速了解近义词的细微差别，如表5-1所示：

表5-1　近义词"好看"和"美丽"义素分析①

词语	美感	外表	抽象	从视觉
好看	+	+	−	+
美丽	+	±	+	±

除了近义词以外，还可以用义素分析法来帮助学生区别其母语和华文中意思相近但又不同的词，如表5-2所示：

---

① 宋一鸣. 对外汉语教学近义词辨析策略研究——兼论反义词的词汇教学功能 [D]. 昆明：云南大学，2010：46.

表 5-2　近义词"流行""受欢迎""popular"义素分析①

词语	主体	性状
流行	事物/动作行为	广泛传布；盛行；受到喜爱
受欢迎	人/动作行为	
popular	人/事物/动作行为	

四、学习策略的教学

（一）华文学习策略的相关研究

江新和赵果（2001）编写了汉字学习策略量表，并对初级阶段的外国留学生进行了测试和分析，结果显示在认知策略中，学生最常使用的是字形策略、音义策略、笔画策略和复习策略，其次是应用策略，最不常用的是归纳策略；汉字学习策略的使用还与学生的母语背景有关，"汉字圈"学生比"非汉字圈"学生更多使用音义策略、应用策略，更少使用字形策略、复习策略。

吴勇毅（2007）② 依据牛津对认知策略的分类方法编纂了调查问卷，并且辅以开放式访谈的方法，调查了在上海留学的、来自五大洲 35 个国家的 500 名留学生在华文学习策略方面的情况，发现了一些很有意思的差异，如表 5-3 所示：

表 5-3　不同国家留学生华文学习策略比较

学习策略	国别差异	水平差异
记忆策略	韩国学生最常使用记忆策略，而且差异显著，欧美学生则较少使用记忆策略	
补偿策略	欧美学生和泰国学生使用率显著高于日本和韩国学生，日本和韩国学生之间没有差异，而印尼学生和日本学生之间又有显著差异，后者的使用明显低于前者	水平低的学生使用率显著低于水平高的学生，但跟中等水平的学生相比，差异不显著，后者跟高水平的学生之间的差异也不显著
情感策略	欧美学生显著低于泰国、韩国和日本学生，而泰国学生又显著高于韩国、日本和印尼学生	

① 翟颖华. 试论义素分析法在对外汉语词汇教学中的应用 [J]. 长江学术，2007（4）：147-151.
② 吴勇毅. 不同环境下的外国人汉语学习策略研究 [D]. 上海：上海师范大学，2007：39-49.

（续上表）

学习策略	国别差异	水平差异
社交策略	欧美学生和泰国学生显著高于日本、韩国和印尼学生	水平低的学生使用率显著低于水平高的学生
认知策略		学生华文水平与认知策略的使用率呈正相关，水平低的学生认知策略使用率明显低于中水平和高水平学生，中水平学生认知策略使用率也低于高水平学生
元认知策略	日本学生元认知策略使用最多，泰国学生使用率明显低于其他组的学生	水平低的学生跟中等生及水平高的学生之间存在着显著差异，但后两者之间没有显著差异

　　欧美学生之所以情感策略使用较少，是因为欧美学生在语言学习上的自信心一般比较强，焦虑较少，因此不需要时常鼓励自己，调整自己的心态，舒缓焦虑情绪。欧美学生倾向于使用社交策略，在社交时也就会常常使用补偿策略，欧美学生的社交策略和补偿策略都使用较多。日本学生则是元认知策略使用最多的，这和日本的耻感文化有关系，因为耻感文化的影响，日本学生很在意别人对他的看法，觉得在中国人面前说不好中文是很羞耻的，所以会严格要求自己，因此经常会使用到元认知策略。

　　（二）学习策略的教学措施

　　目前国内外在学习策略训练方面常用的模式主要有以下三种：

　　1. 集中学习

　　开设专门的语言学习策略教学课程，对学生讲解语言学习策略的作用、价值，以及能够达到的效果，并综合传授听、说、读、写各方面的学习策略。但这种模式最主要的问题就是仍把语言学习策略当作一种知识来教，没有在实际学习中训练学生，学生在学习中也不会主动使用策略，语言学习的效果和效率并没有得到提高。

　　2. 渗透教学

　　将语言学习策略与具体的学习任务相结合，在教学和练习中加入部分有针对性的策略教学，可以使学生迅速看到学习策略的实际效果，激发学习者使用学习策略的动力。但存在的问题是拖慢了教学进度，而且策略的教学不成体系，比较混乱，学生一般也意识不到学习策略的真正价值。

　　3. 个别教学

　　对个别学生或者部分水平相当的学生进行学习策略教学，因为分水平教学针对性强，效果比较明显，但是这种策略教学模式对教师要求比较高，耗时费力，而且不能普及所有学习者。

这些策略教学模式大部分是基于中国人学习外语的策略或欧美的语言教学理论及经验产生的，而对于以华文作为第二语言学习策略的训练和实证研究，目前可以说还是一个基本空白的领域，因此，结合以上一些对华文学习策略的研究，以及华文教学中的经验，我们认为华文学习策略的培训应该注意以下一些问题：

（1）来华学习的留学生学习时间都比较短，很多为半日制或辅导班的形式，而且目的性很强，为了工作、商贸或取得入学资格等，希望在短期内较快地获得华文交际能力。学生很珍惜学习时间，对于在课堂上学习华文学习策略而非华文知识会有抗拒心理。因此，教师要针对学生在学习中遇到的具体问题，采用合适的策略解决问题，让学生能够直接感受到策略的有效性，激发学生学习策略的兴趣。

（2）来华学习的留学生国别差异较大，汉字圈与非汉字圈、汉文化圈与非汉文化圈不同学生使用的学习策略是不同的，对他们最有效的学习策略也是不同的。因此，策略教学不能一概而论，教师要根据学生的国家、年龄、水平、性格、学习目标等因材施教，这就要求教师有比较多的教学经验，对学习策略有比较全面的了解。

（3）教师要将策略训练内容与华文学习内容紧密结合起来，如传授词汇记忆、汉字记忆、华文文章阅读、华文句型变换等练习的解决策略。根据华文的特点，找到最有效的学习策略教给学生，如针对词语的运用策略，针对汉字的边练边记策略，针对阅读的推测和语境策略等。

（4）要重视元认知策略的培养。根据马莱和查莫特的分类，元认知策略是同时作用于其他所有策略的，是对学习的整个过程的监控，因此元认知策略对于学习者调整自己的学习方式和学习态度很重要。

（5）教师课堂教学的速度要适当，要给予学生加工分析学习材料的时间，使他们自觉地运用学习策略，如果教师教学进度过快，学生来不及加工材料而要努力追赶学习新的知识，就会减少很多学习策略的使用机会。

（6）教师应该鼓励学生之间多互动，特别是学习成功者可以与其他人多分享自己的经验，采用讨论或小组活动的方式，促进学生之间学习策略的交流。

（7）将学习策略融入平时的操练当中，例如课堂练习、课堂教学游戏等，采用相应学习策略的理论设计游戏，将使用学习策略的意识逐渐渗透到学生的学习活动中。

（8）运用网络课程等手段向学生传授学习策略课程。陈小芬（2008）[①] 提出将网络平台用于华文学习策略教学。网络教学的好处，一是教学平台受众广泛，教学时间、地点灵活，可以不必占用课堂时间；二是网络教学使用人机交互的方式，可以让学生根据自己的情况选择合适的教学方式和教学内容；三是网络教学手段多样，不容易让学生感到无聊和厌倦。此外，网络教学还可以用于不能来华学习的海外学习者，方便他们的华文学习，也可以为海外华文教师提供教学支持。

---

① 陈小芬. 留学生汉语学习策略研究 [D]. 厦门：厦门大学，2008：68-77.

第三节　元认知策略与华文教学

一、元认知的含义

元认知是斯坦福大学心理学家弗拉维尔（Flavell）于20世纪70年代在《认知发展》一书中提出的概念，[①] 又称为反省认知、超认知等。元认知也是一种学习策略，但不同于一般学习策略的是，元认知是个体关于自己的认知过程的知识和调节这些过程的能力，也就是说元认知策略是用于调节和监控一般学习策略的策略。

认知活动作用的对象是外在的具体的客观世界，而元认知活动作用的对象是内在的抽象的主体自身正在进行的认知活动。认知活动的主要形式是智力加工，而元认知活动的主要形式是对认知活动的调节和监控。元认知活动通过调节认知活动，间接地影响和作用于认知对象，因此元认知就是对认知的认知，元认知的内涵包括计划策略、监控策略和调节策略。

二、元认知的构成

（一）元认知知识

元认知知识首先是认知主体对于自身认知风格、认知水平以及自己与别人之间的认知能力差异的认识，例如了解自己的兴趣爱好、擅长和不擅长的东西，了解自己的习惯、心态、记忆规律等。其次是认知主体对认知目的、认知目标、认知材料的难度、性质的认识。最后是对认知策略的认识，例如针对华文学习有哪些认知策略，哪一种策略是对自己最有效的，哪一种策略是对汉字学习最有效的等等。

（二）元认知体验

元认知体验是在认知活动中主体产生并体验到的情感和心态，既包括认知活动中对自己是否真正学到知识的自觉，也包括在此过程中出现的情感和情绪，因此无论认知活动是否成功，所学知识是否真正掌握，只要有认知的过程，就都存在元认知体验。

（三）元认知监控

元认知监控是主体在进行认知活动的全过程中，以认知活动作为对象进行监控、调节的活动。包括制订计划、实行计划、监控计划完成情况、做出评价、发现不足、

---

① 汪玲，郭德俊.元认知的本质与要素［J］.心理学报，2000，32（4）：458–463.

及时调整修正、采取补救措施等一系列内容。

三、元认知策略

这里所讨论的元认知策略，主要是上文中所说的元认知监控内容，大致可以分为四种：

（一）计划监控

计划监控就是对学习的时间进行规划，并按照规划执行，在执行中发现问题，努力改进。学习不是懒散的随意的活动，学习是需要有科学的计划，付出努力，并有节奏地不断重复才能成功的活动，因此成功的学习者都不会满足于被老师、作业、考试推着前进，他们会提前做出自己的计划，如预习、复习、融会贯通、扩展新知识等等。

扩展阅读 5.6

一个中高级华文学习者针对华文期末考试的计划：

（1）确定考试范围：《成功之路　跨越篇》一共七课的内容，包括词汇 350 个左右，课文七篇。

（2）确定考试的形式：如听力、口语、阅读、选词填空、词语辨析、作文等。

（3）制订计划：距离考试还有一个星期，每天早上背一课的单词，约一小时；然后诵读课文三遍，记忆重点句型，约一小时；练习听力，约半小时；下午再复习一遍单词和句型，约一小时；做练习，约一小时；写一篇作文，并根据给出的例文修改，约一小时。每天需要约五个半小时的学习时间，一周 35 个小时用于期末考试复习。

（4）根据计划实践并监控，在实践中可以略有调整，例如今天有事出门，没有时间做练习、写作文，那么应该在第二天补上。

（5）调整计划：背单词的速度加快，不需要一个小时，则减少为半个小时，而听力练习时间不够，则再增加半小时。每天进行多项练习感到很累，则可以改为一天用来背单词，一天用来练习听力，一天用来诵读课文和做练习，分项目集中复习。

（节选自北京语言大学学生访谈，2015）

（二）领会监控

领会监控就是指学习者在学习过程中对自己到底要学到什么内容有明确的认知，并且使用抓细节、画重点、推测、复述等手段，始终注意这些内容。没有领会监控策略意识的学生很可能出现无意义的学习，例如在阅读时，重复阅读很多遍，却依然不知道提问的答案在哪里，或者做听力练习时重复听很多遍，却依然抓不住时间、地点等关键信息。因此对于领会监控较差的学生，教师应该对其给予一定的引导。例如做阅读训练时让他们先看问题，再读文章，对于包含答案信息的段落反复细读，对于容易的、过渡性的段落快速阅读，抓住文章整体脉络和观点；对于文章中出现的生词，根据上下文进行推测，实在猜不出来的，直接跳过，继续阅读；遇到答案模棱两可或自相矛盾的情况，返回答案出现的段落重新阅读。

扩展阅读 5.7

　　周健在《汉语课堂教学技巧 325 例》中提供了运用领会监控策略的听力训练方法：教师选一段两人对话的录音，让学生先听录音，然后两人一组进行模仿练习，最后分组录音，再把录音一一放给全班听，逐一点评，找出优缺点。过一两个月之后，让学生再把这段录音重新录一遍，然后把两次的录音播放给学生，分析一两个月后学生是否有进步。

　　第一次录音找出的问题就是学生需要注意的点，学生如果运用了领会监控，并且一直注意改善自己的口语水平的话，两个月以后的录音就会有明显的进步，这就是促使学生使用领会监控监控自己口语学习的手段。

　　（节选自周健. 汉语课堂教学技巧 325 例［M］. 北京：商务印书馆，2009：31）

（三）策略监控

　　顾名思义，策略监控是对主体在学习过程中使用的学习策略的监控，策略监控保证了学习策略选用的合理性、有效性，增加了学生的学习经验。策略监控要求学生在学习和解决问题的过程中不断对自己的解题思路进行反思，例如对自己提出"这个问题的最优解法是这样吗？""我是否使用了逆向思维或者发散性思维来解决问题？""这个问题我为什么回答错误？引起错误的原因是什么？我的思路在哪里出现了偏差？"等类似的问题，回想自己解决问题的过程，寻找过程中出现的问题，并且提醒自己以后避免再犯。当学生长期使用策略监控以后，自然会养成清晰完善的思考方式。

　　教师也要注意对自己的教学策略进行监控，例如在汉字教学时，很多教师常常使用图形联想、编故事的方法来让学生记住字形，但根据科（Ke，1998）[1] 和杨朦萌

---

　　[1]　KE CHUANREN. Effects of strategies on the learning of Chinese characters among foreign language students［J］. Journal of the Chinese language teachers association, 1998 (33)：pp. 93 – 112.

（2014）① 的研究，初级阶段的学生倾向于将汉字当作一个整体来记忆，相比于图形联想和编故事的方法，分析结构对他们记住汉字更有效。

（四）注意监控

注意监控是指学习者在学习过程中为了集中注意力，提高学习效率而做出的努力和自我管理。对自己的注意力或行为进行自我管理与自我调节，例如避免接触学习材料以外的信息使自己分心。

教师也要对学生进行注意监控，在课堂教学中适当地插入一些玩笑、趣味性的知识扩展、游戏互动等，吸引学生的注意力，避免学生分心。

四、华文教学中元认知策略的培养

（一）详细指导和体验

培养学生元认知策略最好的方法就是让学生多使用学习策略，在使用的时候辅以详细的策略相关知识的指导。学生在使用策略的过程中获得元认知体验，这些元认知体验又进一步促进元认知策略意识的生成。

（二）程序模式教学

元记忆获得程序模式（Metamemory Acquisition Procedures，简称 MAPs）认为元认知水平的提高是有一套普遍使用的程序模式的。

如果学生已经学会了用按声旁分类的方法来学习形声字，并且认为使用分类的方法学习形声字很有效，那么是否可以让他们把这种策略运用到词汇学习上呢？将分类策略运用到词汇学习上以后，短期内的学习效率是否有提高？如果有提高，那么过一段时间以后，学生是否还记得那些词汇呢？长期的习得效果又怎么样？以上这些尝试的过程，就属于元记忆获得的程序。

（三）自我提问

自我提问可以分为启发式的提问和反省提问，对于正在解决或还没能解决的问题，用启发式的提问寻找新思路，例如："这问题的已知条件是什么？""未知条件是什么？""相关背景知识是什么？""我能否用已知条件推导出未知条件？"

对于已经解决的，或曾经遇到的问题采用反省式的提问，寻找问题解决过程中还可以改进的地方。

---

① 杨朦萌. 不同语言环境下初级阶段学生汉字学习策略研究［D］. 上海：华东师范大学，2014：24－62.

第四节　社会—情感策略

一、学习环境与资源

关于华文学习者的学习环境与资源，可以从以下几方面分析，首先是广义的华文教育的社会环境。目前中国已成为世界第二大经济体，并且经济持续平稳发展，中国这个古老的文化大国再一次吸引了来自世界各地的目光，也由此引发了全世界范围内的华文热。作为华文教师，既要抓住这千载难逢的时代机遇，也要清楚地认识到目前的华文教育还存在很多困难和问题。

随着经济全球化和信息全球化的脚步，当今世界提供了前所未有的便利和机会让来自不同国家不同民族的人可以频繁地接触与交流，世界各地的文化迅速地交流融合，有关双语甚至多语教育的问题也得到了越来越多的重视和研究。很多国家鼓励国民接受双语教育，政策支持国民学习母语和民族语言，发展多元民族文化。但是在宏观的国际环境下，我们不可否认，在一些国家和地区，双语教育仍然是一个涉及国家民族情感的敏感问题。华文教育的本意是作为海外华侨及其后代维系与祖籍国情感纽带的民族教育，但在一些国家和地区，特别是多民族、经济发展水平还很不平衡的地区，华文教育受到误解和排挤的问题比较突出，它很容易被曲解为民族沙文主义的表现和文化侵略，并因此给海外华人带来诸多负面影响和困扰。对这些地区的华文教师来说，从事华文教育事业是一个巨大的挑战，他们的工作绝不仅仅是一个语言教师这么简单，更是一个文化交流中心，文化传播的源头，是一只伸向世界化解误会的友好之手，也是一颗感化世界的传承文化的热情之心。

海外华人在艰难困苦的情况下离开故土到海外谋生，要主动融入当地社会，学习当地的语言和文化才能被当地人接受，也才能在异国他乡落地生根。一代一代海外华人在当地社会文化的熏陶和滋养之下，有时忽视自己的民族身份，认同当地民族的文化也是很自然的事情。虽然他们的身份是华裔，但我们不能期望他们仍旧对中华文化抱有极大的热情和兴趣，不能以对世代生活在祖国大陆的中国人对于民族文化应有的情感标准去衡量这些海外的华裔学生，指责他们是"香蕉人"，数典忘祖。从华文教育的社会环境来看，对于很多华裔来说，华文不是他们立足于社会所必需的语言，而且经过两代甚至三四代以后，他们和中华文化在感情上也没什么特别重要的联系了，那么怎么才能让他们自主、愉快地接受华文教育呢？

华文教师首先要意识到华文教育是为学生增加一个新的社会文化背景，而非代替学生原有的社会文化背景，我们是为学生传授语言文化知识，不需要改变他们已有的意识形态，我们要尊重学生所处社会的文化和他们已经建立的价值观、世界观，避免引起文化、民族和政治等方面的冲突。华文教师当以华文教学为主，结合当地的文化习俗、学生的兴趣爱好，贯穿中国文化和道德精神，用功夫、美食、传统手工艺、戏曲艺术等优秀的传统文化吸引学生，开辟他们主动和祖国联系的道路，激发他们学习华文的兴趣，并且促进华裔与当地民族，中华民族与其他国家、其他友好民族之间的相互了解，这样才能使华文教育事业在海外得到长久、健康、顺利的发展。

从狭义的学习环境来看，我们主要考虑的就是语言学习的环境。众所周知，语言环境对于学生的语言习得有重要的作用，学生如果能够来华留学，学习的条件和效果往往比较好。教师可以鼓励学生多与中国人交流互动，积极参与学校与社会的交际活动，增加自己锻炼华文能力的机会，增加在不同场合不同情境下使用华文的经验，避免虽然身在中国，却依然只和自己国家的人交流的情况。而学生如果是在其本国学习华文，那么能够运用华文的机会就比较少，能够接触到华文信息的场合也很有限，因此教师就要更加注意在课堂上尽量多地为学生构建华文交际情景，增加真实有效的华文语料输入，合理采用沉浸式的教学法，让学生在上课的几十分钟内，能够置身于一个近似真实的中国社会交际环境当中。

二、社会与家庭支持

除了社会环境以外，学习者身边的家人、朋友、老师、同学也是一种很有价值的学习资源。目前海外的华文学习者中，很大一部分是华裔，或者家庭中有华裔亲属者，因此家庭因素对于这些学习者学习华文的动机有很大的影响。如果父母很重视对子女的华文教育，一般学习者的积极性也就比较高，效果比较好。例如，在家时父母坚持用华文和孩子交流，督促孩子完成华文学习任务，重视孩子的华文考试成绩，乐于经常和孩子的华文老师交流、询问情况等。因此华文教师要善于利用孩子的家庭环境进行华文教育，如果孩子的亲属中有人能够流利地运用华文，教师可以布置一些作业让学生采访自己的家人或者和家人一起完成某项作业等。

当然也要注意到一些华裔青少年的逆反心理，在实际教学实践中，教师经常会遇到一些学生说他们完全是被父母逼迫来学华文的，本身对华文并没有兴趣和需求，对于这些学生，教师可以和父母交流，不要对学习者要求太严格、逼迫太紧，要通过老师和家长的引导让他们对华文渐渐产生兴趣，渐渐意识到学习华文的价值，如果一味硬性要求，反而可能导致学生产生抵触心理。

除了家人的支持，老师与同伴也是学习者的有力支持，老师要以亲和平等的态度对待学生，对于学生的求助，要热情帮助，并给予积极的正向的回应，以启发式的、讨论式的方式来为学生解答，让学生发现自己的价值和能力，而不是觉得求助是无能的表现，是一件丢脸的可怕的事情，否则学生就很有可能逃避与老师的交流。

三、学习计划与时间

在学习过程中，合理安排学习时间是一种重要的能力，能够适当安排自己的学习时间，并且按照计划执行的学生，往往要比漫无目的的学生更容易成功。在华文学习中，根据不同的学习目标、不同的学习要求，学习者和教师也应该相应做出不同的学习计划和时间安排，设定不同的课时内容和课时长度。

例如，对于长期在华留学或者在海外大学学习华文本科的学生而言，他们需要做出长期的完善的学习计划，如年计划、学期计划、每月计划、每周计划、每日计划等，一般一、二年级要着重培养基础语言能力，针对听、说、读、写做出明确的目标规定，例如要通过 HSK 多少级，期末考试要达到多少分等。三、四年级就要加入其他文化课程，如中国文化概论、古代汉语、古代文学史、现代文学史、当代文学史等，此外还可以开设一些实践课程，如书法等传统艺术课，并且学生也要为自己设定新学年的目标，例如要学会怎样的中华才艺，要在中国完成怎样的实习活动等。

而对于短期来华进修的学生，就要根据他们的要求制订速成的有针对性的计划，着重训练听说能力，让他们能够在实际生活中尽快运用到所学的知识，在较短的时间内获得更多的实际交际能力，而且还可以加入一些文化体验课程，增强学生的学习兴趣。还有一些为满足工作需求而来中国学习华文的学生，要授予他们工作或行业中常用的专门语言知识，例如生意谈判的相关知识，对外汉语教学的知识，政府部门的工作语言、文书撰写等。

四、自我努力与管理

除了外部的环境资源，学习者的自我努力与管理也是不可忽视的影响因素。成功的学习当然是需要付出努力的，需要学习者对自己的行为和心态做出严格的管理和控制，而学习者对于自己的管理可以从以下四点入手。

（一）环境的管理

寻找适宜自己学习的环境，有的人独自一人时学习效率很高，那么就可以选择自己在家学习；有的人需要一定的环境和氛围才能安心学习，那么就可以选择到图书馆、自习室等地方，和周围的人一起学习，互相督促鼓励，避免在学习的过程中分心或被别的事情打断。

（二）情绪的控制

在学习的过程中难免会感到无聊，面对一些比较困难的学习材料或一时无法解决的问题，学习者还可能感到烦躁和气馁，这个时候学习者应该适当放松，或者放下眼前的问题，换一个学习材料进行学习，例如背单词背得累了，就可以出去走走，或者换听力材料训练一下。对于无法解决的问题，不要太焦虑，告诉自己慢慢来，要相信自己的实力，暗示自己对于自己来说很难的问题，对于别的同学来说也不会简单，实在不会，可以直接向老师求助，所以不必紧张。

（三）动机的管理

学习者学习华文的动机是什么？是为了留学、工作、旅游或是被迫学习，学习者要不断强化自己的学习动机，例如常常告诉自己，学好华文才可以到中国留学，学好华文可以找到好的工作，对职位晋升、薪水增加有重要的意义，学好华文才可以自助到中国旅行，可以结识当地的中国人，体验地道的中国文化，这样就可以增强学习的兴趣。同时在学习时学习者要尽量做到一心一意，不要急功近利，例如做着阅读的时候发现自己单词量少，就马上开始背单词，上口语课的时候又觉得自己对中国文化了解不够，然后开始阅读相关书籍而忽视老师的课堂教学，这些都是会打乱学习动机的行为，要尽量避免，稳定自己的学习节奏。

（四）持续的自我强化

要时刻监控自己的学习态度，例如今天的学习任务没有完成，学习者要给予自己一定的惩罚，如果学习任务很好地完成了，学习者就可以让自己放松一下，给予自己一些奖励。长期的自我强化会让学习者养成主动学习的习惯，当自己没有完成学习任务的时候会感到愧疚和不安，当自己很好地完成了学习任务时会觉得有成就感、很满足，这就是自我强化的意义。

本章内容提要

1. 麦基奇等人（1990）将学习策略总结为认知策略、元认知策略和资源管理策略三部分。

2. 认知策略包括复述策略、精细加工策略、组织策略；元认知策略包括计划策略、监视策略、调节策略；资源管理策略包括时间管理、学习环境管理、努力管理和其他人的支持。

3. 复述策略在语言学习中可以说是最常使用的一种策略，语言习得需要大量的反复练习，并且需要长期地坚持，因此复述策略可以说是贯穿于语言学习全程的一种策略。可以把复述策略分为记忆阶段的复述策略和复习阶段的复述策略。

4. 精加工策略是指通过对学习材料进行深入细致的分析，理解其内在的深层意义，以达到保持长期记忆目的的一种策略。

5. 组织策略实际上就是对语言材料的一种深层次的复杂的编码，通过分类、类比、画指示图等方式，帮助学习者了解所学知识的结构，将新知识与已有的知识结构联系起来，集中信息，便于更好地进行管理和记忆。

6. 目前国内外在学习策略训练方面常用的模式主要有以下三种：

（1）集中学习。开设专门的语言学习策略教学课程，对学生讲解语言学习策略的作用、价值，以及能够达到的效果，并综合传授听、说、读、写各方面的学习策略。

（2）渗透教学。将语言学习策略与具体的学习任务相结合，在教学和练习中加入部分有针对性的策略教学，可以使学生迅速看到学习策略的实际效果，激发学习者使用学习策略的动力。

（3）个别教学。对个别学生或者部分水平相当的学生进行学习策略教学，因为分水平教学针对性强，效果比较明显，但是这种策略教学模式对教师要求比较高，耗时费力，而且不能普及所有学习者。

7. 元认知由元认知知识、元认知体验和元认知监控三部分构成。

8. 元认知策略分为四种，分别是计划监控、领会监控、策略监控和注意监控。

9. 华文教学中元认知策略的培养方法包括：详细指导和体验；程序模式教学；自我提问。

10. 除了外部的环境资源，学习者的自我努力与管理也是不可忽视的影响因素。成功的学习当然是需要付出努力的，需要学习者对自己的行为和心态做出严格的管理和控制，包括环境的管理、情绪的控制、动机的管理和持续的自我强化四个方面。

复习与思考

一、名词解释

1. 学习策略　2. 认知策略　3. 复述策略　4. 精细加工策略　5. 组织策略
6. 元认知策略　7. 计划监控　8. 自我提问　9. 资源管理策略

二、问答题

1. 什么是复述策略？请举例说明复述策略在汉语教学中的作用。

2. 什么是生发策略？试述生发策略在汉语课文教学中的作用。

3. 请谈谈如何教会学生有效的学习策略。

4. 在课堂上怎样使用注意监控策略让学生集中注意力？

5. 在词汇教学时怎样融入元认知策略的培养？

延伸阅读

［1］STERNBERG R J. Criteria for intellectual skills training ［J］. Educational research，1983，12（2）.

［2］O'MALLEY J, CHAMOT A. Learning strategies in second language acquisition ［M］. Cambridge：Cambridge University Press，1990.

［3］江新，赵果. 初级阶段外国留学生汉字学习策略的调查研究 ［J］. 语言教学

与研究，2001（4）.

[4] 汪玲，郭德俊. 元认知的本质与要素 [J]. 心理学报，2000，32（4）.

[5] 何先友. 青少年发展与教育心理学 [M]. 北京：高等教育出版社，2009.

[6] 周健. 汉语课堂教学技巧 325 例 [M]. 北京：商务印书馆，2009.

[7] 吴勇毅. 不同环境下的外国人汉语学习策略研究 [D]. 上海：上海师范大学，2007.

[8] 杨朦萌. 不同语言环境下初级阶段学生汉字学习策略研究 [D]. 上海：华东师范大学，2014.

第六章 学习迁移

第一节 学习迁移的概念及分类

学习迁移是一种学习对另一种学习的影响，即已获得的知识、经验、技能、态度对后续活动的影响。迁移是学习延续、扩展和巩固的途径之一，通过迁移，前后的知识和经验能够得以整合。

迁移的对象很多，情况也各不相同，从不同的角度切入，对学习迁移有不同的分类。依据华文教学的特点，我们可以从以下几种分类一窥华文学习中的迁移情况。

一、按效果分

按照迁移的效果，学习迁移可以分为正迁移和负迁移，正迁移是之前所学的内容对后面的学习产生了积极的正面的影响，负迁移就是带来了消极负面的影响。例如张捷楠（2012）[①] 曾经研究了日语中的汉字词对日本学生学习华文的迁移影响，发现因为日本属于汉字文化圈，存在大量和华文同形的字词，所以日本学生在学习华文时首先是容易理解，教师在黑板上展示学生没有学过的词汇，这些词汇在日语中都有同形词，相比于欧美等非汉字圈国家的学生，日本学生对这些生词词义推测的准确率高很多，十个生词，准确率可以达到八个以上，甚至全对。并且日本学生对华文字词的记忆速度也很快，印象深刻，不容易忘，学习华文的兴趣比较强，和中国人交流起来也比欧美学生要容易。

同时张捷楠（2012）还研究了母语对日本学生学习华文带来的负迁移影响，首先是轻视学习华文的难度，因为大量同形字词的存在，使得日本学生认为学习华文很容易，因此在学习的过程中不认真不努力。其次是母语的发音和意义与华文的很容易混淆，日语中存在大量和华文同形的字词，但这些字词的发音、意义和用法并不一样，因此在学习华文时，日本学生很容易将日语中的发音意义等带入，例如将"只"读成"鸡"，将"跟"读成"歌"等。

---

① 张捷楠. 日语汉字词对日本学生学习汉语正负迁移及其策略研究 [D]，长春：吉林大学，2012：12-18.

二、按方向分

按照迁移的方向，学习迁移可以分为顺向迁移和逆向迁移。顺向迁移指之前的学习对后续的学习产生影响；逆向迁移就是后续的学习对之前学到的知识产生影响。正向迁移的例子很多，在此我们不做赘述，而逆向迁移的例子如下：

"变化"和"变革"，在《汉语水平词汇与汉字等级大纲》中"变化"是甲级词，而"变革"是丙级词，但一韩国学生在学习"变革"一词后说出"你看一看我的发型有什么变革"这样的句子，可见就是混淆了"变化"与"变革"的意义。（例子来源于暨南大学教学实录）

"变革"一般用于国家社会等大的事物改变，不能用来形容一个人的发型这样的小事，而在学习"变革"一词以前该韩国学生没有出现这样的错误。

三、按内在心理机制分

按照内在的心理机制，学习迁移可以分为同化性迁移、顺应性迁移和重组性迁移。同化性迁移是指不改变原有的认知结构，直接将具有相同本质特征的新事物纳入原有的经验结构中去，以揭示新事物的意义与作用，例如先学习了"俞"字，又遇到"愉"字，学生均读作 yú。顺应性迁移又叫协调性迁移，是指将原有的经验应用于新情境，发现能将新的事物纳入其结构内时，通过调整原有的经验或对新旧经验加以概括，从而形成一种能包容新旧经验的更高一级的经验结构的适应性变化，例如学生学习了"俞""愉"等字之后，又学习"喻""谕""愈"等字，总结出以"俞"字为声旁的字，声调并不完全相同这一规律。重组性迁移是指将原有经验系统中的某些构成要素或成分之间的关系进行调整，或者建立新的联系，从而应用于新的情境，这种经验的整合过程即重组性迁移，例如学生学习了以"俞"为声旁的一系列字以后，又在古文中遇到"百官慎职，而莫敢愉綖""虽以获功见封，犹食毒肉愉饱而罹其咎也"之类的句子，发现这些古文中的"愉"字与之前的完全不同，应读作 tōu，进而了解到"愉"字在古文中通"偷"，这就是重组性迁移。

四、按结构分

按照结构，学习迁移可以分为垂直迁移和水平迁移。垂直迁移又称纵向迁移，是指具有较高的概括水平的上位经验和具有较低的概括水平的下位经验之间的相互影响，可以分为自上而下和自下而上两种。自上而下的，例如学生先学习了"水果"这个词，就有助于学习具体的如"西瓜""苹果""香蕉"等词汇；自下而上的则反过来，例如学生先学习"米饭""面条""饺子"等词汇，就有助于理解"主食"这个新词。

水平迁移也称横向迁移，是指将已经学习过的概念、规则、方法运用于处于同一概括水平、同一复杂程度的新情境。例如华文初级学习者学习了"女生"一词以后，很可能将从青年到老年的女性都称呼为女生。

第二节　华文学习中影响学习迁移的因素

导致迁移的因素有很多，如学习者自身的主观因素以及外部的客观因素等，下面我们将其放在华文教学的背景下进行分析。

一、主观因素

（一）智力

智力包括了一个人的注意力，记忆力，概括、分析、推理等思维能力以及想象力等。智力水平与学习紧密相关，智力水平高的学生善于抓重点，记忆的速度快，稳固性强。思维能力强，所以善于概括和提炼，善于总结规律，举一反三。观察能力强，善于总结学习经验，能够将课堂中学习的知识灵活地运用于实际操作中，并且对学习策略的掌握和运用程度也更好，因此智力水平越高的学生，正迁移的效果越明显，学习成绩一般也比较好。

（二）年龄

年龄因素对于语言学习来说至关重要，根据儿童语言习得理论，十二岁以前是儿童学习语言的关键期，八岁至十五岁一般认为是学习第二语言的最佳时期，超过十五岁以后，学习第二语言的速度和能力会有明显的下降。所以我们一般认为学习第二语言，年龄越小习得效果越好，对华文学习来说也不例外，但实际上很多国外的华文学习者都是在十五岁以后，甚至成年以后才接触华文。虽然年龄问题在客观上加大了他们学习的难度，但作为成年人，和儿童相比也有一些特殊的优势，例如目的性更强，概括能力、思维能力、策略运用能力、自我管理能力更强等。因此，教师在对成年人进行教学时，要注意引导学生运用这些能力，通过抽象概括，提炼出学习的规律和原则，增强迁移的效果，减小学生学习的难度。只要认真努力，什么时候开始学习都不算晚，都能够达到一个理想的水平高度。

（三）学习意志

学生对坚持一种学习的意志强度涉及很多方面的因素，包括学生对这种知识的态度、对老师和同学的态度以及开始学习前的心理准备。学生对知识的态度取决于这种知识对学生来说有多大的作用，如果学生在中国工作和生活，或者需要进入中国的大学学习，那么学习华文对他来说就是必需的，学习的意志强度也就相对较强；如果学生是被父母要求来学习的，或者仅仅是为了应付某种考试，那么学习的意志强度就相对较弱；如果是学生个人的兴趣使然，那么意志强度有可能很强也有可能弱，还有可能前期很强，学到难点以后逐渐变弱。

学生和老师、同学之间的相处情况，对学习环境的看法，也会影响学生学习的意志。如果和老师、同学相处愉快，那么学生的学习兴趣就会比较大，学习意志也比较强；如果学生和老师、同学关系疏远甚至有冲突的话，那么就会大大减弱学生学习的动力。还有就是学生对学校、生活、学习环境的看法，如果学生觉得学校是一个环境优美、生活舒适、学术气氛浓厚的地方，就会对学习产生信心；而如果学生对学校的评价不好的话，也很有可能导致学生厌学。

学习前的心理准备也会影响学生的学习态度，学生是否已经复习并掌握好之前学习的知识，是否已经准备好利用之前的知识继续学习后续的知识，是否已经进入了学习的状态等。当学习者做好上述准备以后再开始学习，会比没有准备的学习者更容易产生迁移，更能发现学习材料之间的结构关系，从而能更灵活地学习。

二、客观因素

（一）学习材料的相似性

学习材料之间的相似性无疑是影响迁移效果的一个重要因素，利用学习材料间的相似性促进迁移是一个很好的方法。但实际学习过程中我们可能会发现这样一个现象，就是相似的知识不仅不容易学，反而会造成混淆不清的情况。要解答这个问题，就涉及相似性的内涵和层次问题。所谓材料的相似性，有表层信息的相似、根本原理的相似，还有运用条件的相似，如果仅仅是在表层信息上相似，那么这种材料就很有可能会引起混淆。

以汉字为例，"贝"字和"见"字在字形上是很相似的，留学生常常混写，但从造字法上来分析的话，"贝"字属于象形字，下面一撇一点是模仿有壳软体水生动物的两条触须而来，而"见"字属于会意字，下面的一撇和竖弯钩是指人，因此两个字的下半部分包含着完全不同的意义，来自完全不同的造字过程。

基本原理和使用条件上的相似性可以加以利用，使之产生迁移，促进学习的效率和效果。"株"和"蛛"，都是形声字，如果学生熟悉形声字的学习方法，就可以很快记住两个字的读音，并根据形旁"木"和"虫"来区分两个字的意思。而如果是使用条件相似的，例如"蛛"和"蝶"都是名词，且都属于词根，因此除了"蜘蛛"和"蝴蝶"两个词外，还可以用于组成"鸟蛛""狼蛛""蛛网""蛛丝""彩蝶""凤尾蝶""蝶舞""蝶衣"等词汇。

（二）教师的指导

迁移是有一定的条件和限制的，如果忽视这些条件和限制，在不能迁移的地方迁移了，就会造成负迁移，在应该迁移的地方没有迁移，又会增加学习的负担、降低学习的效果。因此，教师在教学的过程中，一定要注意引导学生，为学生创造迁移的条件，讲明迁移的限制，提供能够让学生产生迁移的线索。创造迁移的条件，就是要引导学生发现学习材料在根本原理或使用条件上的相似性，例如上面所举的例子，教师就一定要教给学生学习形声字和华文词根的相关知识，并且引导学生发现"株""蛛"和"蝶"三个字哪里相同，哪里不同，相同的原因是什么，相同原因导致了哪方面的效果相同，不同的原因是什么，不同点在哪里。当学生了解了上述问题，再回头看"贝"和"见"两个字的时候，就会了解这两个字在笔画上的一点细微差别到底有什么意义，也就不会认为区分这两个笔画是无聊、浪费精力的事情了。

第三节　促进华文学习迁移的策略

上面我们分析了促进华文学习迁移的一些因素，包括主观和客观的，但对学生来说了解这些因素并不一定就能很好地产生迁移，还需要教师的引导教学，下面探讨教师在实际教学中怎样根据这些因素寻找具体的促进迁移的教学方法。

一、教学内容与教学程序的编选

（一）教学内容

从上文的分析可知，并非所有相似的材料都能促进学习迁移，还有可能导致混淆，引发学生更多的偏误，因此教学内容的选择和编排就是一个值得仔细研究的问题。

在选编教学内容的时候我们需要以一定的系统和结构为枝干，以具体的语言项目为枝叶进行编排。

扩展阅读 6.1

徐娜（2014）[①] 基于功能法设计了一整个学期的中级汉语写作课程，她在查阅了《对外汉语中高级阶段功能大纲》之后了解到，华文学习的中高级阶段留学生们需要

---

① 徐娜. 基于功能法的中级汉语写作课教学设计 ［D］. 济南：山东师范大学，2014：28－37.

学习七大类共 152 项功能，这七大类分别是社交活动中的表达功能、对客观情况的表述功能、对理性知识的表达功能、对主观情感的表达功能、对道德情感的表达功能、表达使令功能、交际策略的表达功能。由于课时有限，徐娜在了解学生们的实际表达需要、参照教材之后，选取了对客观情况表述功能中的"叙述"功能、"描述"功能、"评价"功能，对理性知识表达功能中的"有能力/无能力"功能，对主观情感表达功能中的"喜欢/不喜欢"功能，表达使令中的"建议"功能，交际策略表达功能中的"寒暄"功能为该学期的教学内容。

（节选自徐娜．基于功能法的中级汉语写作课教学设计［D］．济南：山东师范大学，2014：28－37）

（二）教学过程

教学过程包括长期过程和短期过程。长期过程涉及在整个华文学习期内的安排，例如在初级阶段教什么、在中高级阶段教什么和怎么教等问题，而短期过程主要是指在一堂课内的教学安排。

对于长期安排来说，教师首先要明确教学的对象是什么水平。对于初级阶段的学生而言，以基础知识学习为主，因为基础知识的派生能力最强，迁移性最强，因此在基础阶段，教师可以选用结构—功能型的教材，以语法结构为主干，功能为辅助，让初级阶段的学生首先掌握系统的语言结构。对于中高级阶段的学生，在已经掌握一定系统语法知识的基础上，可以选用功能—结构型的教材，这一类教材突出语言的功能，适合中高级阶段的学生使用，扩展交际能力。

此外，针对中高级阶段学生的口语培训，可以选用话题型教材。话题型教材内容比较丰富，和文化生活结合紧密，虽然在语法系统性上有所欠缺，但对于口语训练来说，以话题为中心进行交际更加科学实用。

对于短期过程来说，教师要合理安排一堂课的教学内容，包括复习、导入、新课学习、训练巩固、总结等环节的比例和内容。一堂课的教学过程基本可以按照苏联教育家凯洛夫的分段方法分为感知阶段、理解阶段、巩固阶段、运用阶段。在学习新课之前进行复习是非常重要的教学手段，通过复习巩固之前学习的知识，然后通过导入启发学生，在完成新知识的学习以后，学生才能找到新旧知识之间的联系，这些都属于感知阶段。接着讲解新知识，这属于理解阶段。通过训练和总结，学生将新学习的知识纳入自己的知识体系，对之前学习的知识产生逆向迁移，这属于巩固阶段。之后学生运用所学知识，并依据已经获得的知识继续对后面的学习产生迁移，这就属于运用阶段。

二、针对华文学习迁移的教学手段

我们研究迁移的主要目的就是希望能在教学中利用迁移减少学生的学习负担,提高学生学习的效率,巩固学生学习的效果,因此除了让学生自主地利用迁移学习以外,更重要的是教师能够运用教学手段促进迁移的产生,为学生提供产生迁移的线索,创造产生迁移的条件。下文将探讨一些能够促进迁移的有效的教学手段。

(一)情景教学

利用情景教学是加强学习迁移的有效方法,情景教学包括两种类型:一种是具体情景,如具体的动作、图片、表演等;另一种是创设的大情景,例如到中国人家中做客、到中国公司面试等。

情景教学是一种多渠道对学生输入可理解信息的手段,具有生动、自然、有趣、灵活等优点。学生通过亲身参与情景教学,调动眼、耳、手、口全方位理解操练,丰富了感受,诱发了兴趣和创造力,更易于理解和掌握知识,自然也就促进了迁移的发生。

扩展阅读 6.2

教师通过具体情景引导学生产生迁移的方法:对"过去""过来"两个趋向补语的教学,教师可以先在讲台上走动,演示"走过去"和"走过来"的意思,这是"过去""过来"最基本的意义,即表示物体的移动。接着教师可以在讲台上放一把椅子,演示从椅子上"跨过去""绕过去",然后将具体的椅子换成一个抽象概念,如用一张纸写上"生病"一词,贴在椅子上,让学生们把椅子假想成一场疾病,把老师走过的距离想象成一段时间,教师演示从椅子上艰难地爬过去,即为学生演示"这场病他挺了过去"。让学生对"过去""过来"的理解从具象的物体移动迁移到抽象的时间流动。

教师通过创设情景教学,并让学生迁移到真实情景中的方法:教师先就看病时候会用到的词汇和句子进行教学,然后教师扮演医生,学生扮演病人,根据已学词句进行对话。接着教师进行扩展,不再简单按照课本或已给出的词句表演,而是对对话的内容和顺序进行一定的调整,这时候再看学生的反应,如果学生依旧能够利用所学知识进行回答,则说明已经产生了迁移,如果学生不能够回答,则教师再次进行教学,最终应达到的效果是当学生在实际生活中去看病时,能够理解并回答医生对他的提问。

(节选自张幼冬. 趋向补语"过来""过去"引申义的语义分析 [J]. 吉林师范

大学学报（人文社会科学版），2010（4）：23-27）

（二）遵循华文规律教学

在华文教学中，华文教师一定要抓住华文特有的规律和特征寻找可以产生迁移的内容。华文是一个用分类的方法来认识世界的语言，华文词汇中的很多成词语素其实就是华文对事物所分的类。例如肉类，英语用 pork、chicken、mutton、beef、fish 等词语来表示，而华文对应的词是"猪肉""鸡肉""羊肉""牛肉""鱼肉"，这些词都包含一个"肉"字。又例如花类，英语用 rose、lily、jasmine、lotus、camellia 等词语来表示，而华文对应的词是"玫瑰花""百合花""茉莉花""莲花""山茶花"等词语，共有一个"花"字，即是对这一类植物的分类。因此，在词汇教学的过程中，我们要充分运用华文词汇的分类特征，让学生能够窥一斑而见全豹，通过学习一个词，推测出其他没有学过的词的大致意思，通过一个语素，了解一类词的大意，这样就可以大大扩充学生的词汇量，减轻学生识记词汇的压力。

除了词汇教学以外，语音教学也可以利用华文的分类特点，使用学习迁移的手段来学习。汉字当中的形声字和偏旁部首实际上就是一种分类，按偏旁部首分类，我们得到的是一类意义上相关的汉字，例如有言字旁的字大都表示与说话相关，如"说""话""语""谈""谢""讲"等。如果按声旁分类，我们得到的就是一系列字音相同或相近的汉字，例如以"胡"为声旁的字，如"湖""蝴""糊""葫""猢"等。如果在汉字教学时告诉学生形声字的这个特征，那么即便学生遇到一些不认识的字，也能够根据部首和上下文大致推测出字的含义，根据声旁大致推测出字的读音，并且能在记汉字字形的时候减少记忆量，降低汉字书写的难度。

除了词汇、汉字和语音之外，华文语法也呈现出一定的类别特征。华文的词法和句法是有很多相似之处的，华文中的复合词的类型和短语类型是一一对应的，如联合、主谓、动宾、偏正、中补等，而句子的结构划分又和短语类型大体一致。因此，在进行语法教学时，可以先教学生复合词的类型，然后迁移到短语，再从短语迁移到句子结构划分，找出主、谓、宾、定、状、补各部分，也就帮助学生理清了句子当中各部分的关系，最终达到理解句子意思的目的。

（三）不过早进行交际训练

上文中我们一直在强调交际训练的作用和重要性，但在实际教学中，交际训练也是要遵循一定的规则和度的。我们在前文已经分析了迁移的内容层次问题，即表面相似的学习材料不仅不能用于迁移，而且迁移后会造成混淆和偏误。对于华文的二语学习者来说，在表达和理解的时候适当运用一些补偿和迁移策略是有益的，但对于初级阶段的学生来说，由于对华文知识还没有一个系统全面的认识，掌握的知识是零碎浅显的，这时如果过早地让学生一味进行交际训练，学生就会大量不恰当地运用补偿和迁移的策略，将一些已知的内容生搬硬套到未知的内容上进行理解，出现诸如在表达的时候使用生造词，或者对别人说的话妄加揣测、错误理解等现象。

因此对于初级阶段的学生，不要过早地使用交际法进行教学，要对学生强调哪些规则是可以迁移的，哪些规则是不可以迁移的，避免混淆学生的思维，导致造成负迁移。

（四）运用比较法

华文学习迁移的对象应该是相似的深层原理和运用情景，而非表层的形式，表层形式的相似很有可能会引起混淆，因此在促进正迁移的同时，还需要防范负迁移的产生，对于那些表面相似的语言项目，可以运用比较法加以区分。

例如，华文中的形近字、同义词、近义词、同音词等，都是容易引起负迁移的内容，如果在教学过程中运用比较法对这些内容加以甄别，加深学生的印象，就可以有效地避免负迁移的产生。

扩展阅读 6.3

例如彭小川的《对外汉语教学语法释疑 201 例》，就是充分运用比较的方法辨别了近义词、相似短语、用法相近的句子、字词相同但顺序不同的词句等。具体的方法是使用例句、画图、义素分析等，如第 159 例"都不"和"不都"，作者先给出了三组例句：

（1）我们班的同学都不喜欢打篮球。
（2）我们班的同学不都喜欢打篮球。
（3）明天我们都不去北京。
（4）明天我们不都去北京，有几个人要去上海。
（5）昨天他们都没来听报告。
（6）昨天他们没都来听报告。

第一、二组例句反映了"都不"和"不都"的区别，即前一个表示全部都不，后一个表示一部分肯定，一部分否定。而第三组例句则进一步扩展了，从"都不""不都"延伸到"都没"和"没都"，这一过程不仅可以让学生学习到更多相同的规律和用法，而且促进学生自己发现和总结一些语言中的规律。

（节选自彭小川，等. 对外汉语教学语法释疑 201 例 ［M］. 北京：商务印书馆，2004：297）

（五）随时提醒

要让学生在学习中正确利用学习迁移，除了以具体的方法教学以外，还要培养学生的意识，让学生养成运用学习迁移的习惯，这就需要教师不断地提醒学生学习迁移的重要性。

在教学过程中，教师要随时提醒学生哪些内容可以迁移到哪些情境中，随时向学生展示迁移的作用。引导学生找到新旧知识之间的联系点，发现迁移的契机。通过变换情境的练习，训练学生举一反三、推理延伸的能力。

扩展阅读6.4

例如周健（2009）《汉语课堂教学技巧325例》中第231例所提供的方法——变换角度复述：

教师先朗读以下语段，再根据要求变换角度复述，让学生理解什么是变换角度复述，然后让学生模仿，将另一个语段变换角度复述。

语段：昨天是星期天，我起得很晚。我是十点钟睡醒的。醒了以后我又在床上躺了一个多钟头才起床。吃了午饭，我给王芳打了个电话，约她晚上七点钟去大华电影院看电影。

将"昨天"复述为"明天"：明天是星期天。我不打算早起。我要一直睡到上午十点钟。醒了我也不马上起床，还要躺一个钟头再起床。吃完午饭我要给王芳打一个电话，约她晚上七点钟去大华电影院看电影。

将"我"复述为"李平"：昨天是星期天，李平起得很晚。他是十点钟睡醒的。醒了以后他又在床上躺了一个多钟头才起床。吃了午饭他给王芳打了个电话，约王芳晚上七点钟去大华电影院看电影。

然后教师给出一个语段：我叫小华，我家有四口人：爸爸、妈妈、哥哥和我。爸爸经商，是一个贸易公司的经理。他工作很忙，每天都很晚才回家，很少在家里吃饭。妈妈在一个中文学校教书，每天上午工作半天，下午在家里做家务，她也很忙。哥哥是大学生，他……

然后要求学生将第一人称改为第三人称进行复述，或者以妈妈的口吻来进行复述。

（节选自周健. 汉语课堂教学技巧325例［M］. 北京：商务印书馆，2009：310）

这样的训练要求学生能够抓住语段中的关键内容，在变换角度复述的过程中，既要找准主要人物之间的关系，又要区别语言形式上变换的点，因此是训练学生思维的很好的材料。

（六）培养学生的学习兴趣和积极态度

除了知识的迁移，学生学习的心态和情感同样会迁移，积极的学习态度能够促进积极的学习迁移的产生，因此教师除了教给学生具体的知识外，更要注重培养学生对华文学习的兴趣和积极的态度。

一是要增强学生的学习动机。方法之一就是动机的迁移，将学生对其他事物的兴趣转移到华文学习上来。例如，学生对画画有兴趣，教师就可以针对学生的兴趣，多增加一些与画画相关的华文知识教学，让学生了解中国的绘画艺术，了解怎么用华文描述、评价绘画作品，怎么用华文教别人画画等。

二是要利用归因调动学生的学习热情。当学生在学习过程中遇到挫折时，教师要鼓励学生，正面引导学生，不要让学生对学习华文失去信心，而是让他们意识到自己的学习在哪方面有不足，通过怎样的方式可以改进。正确的归因可以让学生更加努力地学习。

三是要为学生开辟多种接收渠道。利用现代教学手段，调动学生的各种感官，让学生有身临其境之感，增加信息的输入量，通过多种方式对学生形成刺激，激发他们的创造性思维，让学生对知识形成直观的全面的认识，这样能够最大限度地激发学生的学习兴趣，使学生养成积极的学习态度。

本章内容提要

1. 学习迁移是一种学习对另一种学习的影响，即已获得的知识、经验、技能、态度对后续活动的影响。

2. 按照迁移的效果，学习迁移可以分为正迁移和负迁移，正迁移是之前所学的内容对后面的学习产生了积极的正面的影响，负迁移就是带来了消极负面的影响。

3. 按照迁移的方向，学习迁移可以分为顺向迁移和逆向迁移，顺向迁移指之前的学习对后续的学习产生影响，逆向迁移就是后续的学习对之前学到的知识产生影响。

4. 按照内在的心理机制，学习迁移可以分为同化性迁移、顺应性迁移和重组性迁移。同化性迁移是指不改变原有的认知结构，直接将具有相同本质特征的新事物纳入原有的经验结构中去，以揭示新事物的意义与作用。顺应性迁移又叫协调性迁移，是指将原有的经验应用于新情境，发现能将新的事物纳入其结构内时，通过调整原有的经验或对新旧经验加以概括，从而形成一种能包容新旧经验的更高一级的经验结构的适应性变化。重组性迁移是指将原有经验系统中的某些构成要素或成分之间的关系进行调整，或者建立新的联系，从而应用于新的情境。

5. 按照结构，学习迁移可以分为垂直迁移和水平迁移。垂直迁移又称纵向迁移，是指具有较高的概括水平的上位经验和具有较低的概括水平的下位经验之间的相互影响，可以分为自上而下和自下而上两种。水平迁移也称横向迁移，是指将已经学习过的概念、规则、方法运用于处于同一概括水平、同一复杂程度的新情境。

6. 导致迁移的因素有很多，如学习者自身的主观因素以及外部的客观因素等。主观因素包括智力、年龄和学习意志；客观因素包括学习材料的相似性和教师的指导。

7. 教学过程分为感知阶段、理解阶段、巩固阶段、运用阶段。

8. 针对华文学习迁移的教学手段主要有：情景教学、遵循华文规律教学、不过早进行交际训练、运用比较法、随时提醒、培养学生的学习兴趣和积极态度。

复习与思考

一、名词解释

1. 学习迁移　2. 正迁移　3. 负迁移　4. 顺向迁移　5. 逆向迁移　6. 同化性迁移　7. 顺应性迁移　8. 垂直迁移　9. 水平迁移

二、问答题

1. 请举一个逆向正迁移的例子。
2. 影响迁移的因素有哪些？
3. 促进汉语学习迁移的方法有哪些？请举例加以说明。
4. 词汇教学时怎样利用迁移策略？

延伸阅读

[1] 莫雷. 论人的学习基本类型与机制 [J]. 教育研究与实验，1999（1）.

[2] 张幼冬. 趋向补语"过来""过去"引申义的语义分析 [J]. 吉林师范大学学报（人文社会科学版），2010（4）.

[3] 彭小川. 对外汉语教学语法释疑201例 [M]. 北京：商务印书馆，2004.

[4] 史静儿. 试论对比分析法对语际迁移的预测能力——以泰国学习者的汉语双音节声调协同发音为例 [C] //北京大学对外汉语教育学院. 第五届北京地区对外汉语教学研究生学术论坛论文集. 北京：北京大学对外汉语教育学院，2012.

[5] 徐娜. 基于功能法的中级汉语写作课教学设计 [D]. 济南：山东师范大学，2014.

[6] 张捷楠. 日语汉字词对日本学生学习汉语正负迁移及其策略研究 [D]. 长春：吉林大学，2012.

第七章　华文教师心理

华文教师作为华文教学过程的组织者和管理者，是促进学生汉语学习的重要力量。华文教师心理是指华文教师在汉语教学活动中所产生的各种心理现象和心理活动。对华文教师心理的研究有助于我们全面了解华文教师心理的特征和发展趋势，从而为华文教学提供科学指导。本章主要从以下五个方面介绍华文教师心理：华文教师的角色与定位、华文教师的能力与成长、华文教师的人格特征与心理健康、华文教师的职业心理、华文教师的情感与教学等。

第一节　华文教师的角色与定位

作为华文教师心理的重要组成部分，华文教师的角色与定位是每一个华文教师首先应该认识清楚的问题。只有清楚自己的角色，合理定位，才能够充分发挥华文教师在华文教学中的作用，实现华文教师的职业规划与成长。

一、华文教师角色的内涵

华文教师角色的内涵是指在整个华文教学中，华文教师所扮演的角色、所发挥的作用以及在职责范围内应该完成的活动。通常来讲，华文教师的角色包括课堂教学的组织者、知识学习的促进者、人格发展的引导者、信息的提供者等。

课堂教学的组织者，指华文教师作为管理者角色对课堂学习从开始到结束的全面管理和把控。知识学习的促进者，指教师不仅是知识的传授者，而且以学生为中心，激励学生学习，并且协助学生实现知识的获得与知识体系的构建。学生的学习过程，不仅是认知能力的提升过程，也是人格完善的过程。人格发展的引导者，指华文教师在教授学生知识的过程中同时引导学生完善自己的人格，甚至成为学生心目中的榜样，起着模范作用。信息的提供者，指华文教师在华文教育中给学生提供所需信息的来源。

二、华文教师的角色特征认知

（一）多重性

华文教师角色的多重性指华文教师不仅是知识的传授者，而且是信息的提供者、学习的促进者、课堂的组织者、人格的榜样、行为习惯的示范者、教学的研究者和文化的传播者。

华文教师是一个多重角色的组合，在不同的时间和方面扮演着不同的角色，而且每一个角色对于学生的影响都是巨大的，有时候甚至能够影响学生的一生。作为华文教师要尽量兼顾好每一个角色。

（二）创造性

华文教师角色的创造性体现在两个方面：一是作为教学管理者在教学方法上的创造性；二是作为学习促进者对学生创造性的培养。前者是华文教师角色创造性的重点，华文教师需要不断更新自己的知识和自己的教学方法，主动寻求改变和突破，尝试使用新的方法和理念，形成自己独特的教学风格模式；后者是指华文教师不仅要教授学生华文知识，还需要引导学生独立思考，培养学生的创造性思维。

（三）模范性

华文教师角色的一个很重要的特征就是模范性。学生想象力丰富，观察细致，模仿能力强，教师的道德品质、价值取向、教学态度、治学精神、行为举止等等都会直接对学生构成一种自然的教育力量。因此，教师的综合素质对学生的一生起着难以估量的影响。

扩展阅读7.1

心理学研究表明：现代青少年的心理、生理成熟期提前，但他们不能超越精神饥渴和心理断乳这一特定的关键阶段。由于他们缺乏社会实践的锻炼，情感脆弱，他们的知、情、意、行的矛盾日趋深刻、复杂。这就要求教师应以强烈的责任心和使命感，利用自身的品行、学识、人格、仪表、风度等方面的示范作用，去影响和教育学生。"学高为师，身正为范"的古训在当今教育工作中仍具有深远的现实意义：教师一身正气、一尘不染、品格高尚，可以感染学生，达到"亲其师"而"信其道"，进而自塑完美人格；教师勤奋工作，专业精深，可以激发学生发奋进取、自强不息、追求美好的理想；教师襟怀坦白、雍容大度、个性鲜明，可以影响学生的心理健康发展，以教师的人格魅力　打造学生的心灵底蕴。

（节选自张志刚. 构建教师人格魅力　打造学生心灵底蕴 [J]. 东方青年·教师，2011（3）：142）

作为学生，他们有一种特殊的"向师性"心理，对自己喜爱的教师信任有加，并会模仿教师的行为。例如，当教师走进课堂开始上第一节课时，学生就会用自己敏锐的眼睛观察教师的一举一动；教师的个性及其行为举止、服饰穿戴，都会自觉不自觉地影响每一个学生。这是一种无声的教育，会对学生的心理发展起到潜移默化的作用。

可见华文教师角色的模范性表现在华文教师多个角色的方方面面，但是重点表现在其人格的引导角色上，因此华文教师应该严格约束自己，扮演好自己模范的角色。

（四）完善性

华文教师角色的完善性是对华文教师提出的要求。一个优秀的华文教师不仅在教学上表现优秀，而且在其每一个角色上面，如知识的丰富度、人格的完善、管理的科学等等，都达到较高的水平。一个华文教师不可能从一开始就做到十分优秀，而是在华文教学过程中不断完善自己，这表现在两个方面：①纵向上，每一个华文教师都要朝着更加优秀的方向发展，不断突破自己，经历从平凡到优秀、从普通到卓越的过程；②横向上，每一个华文教师都要丰富自己，从一个角色开始突破，成为全能型复合人才，扮演好教师的每一个角色，成为受人尊重和敬仰的华文教师。

华文教师的角色认知是一个动态的过程，也是一个不断发展直至完善的阶段。华文教师的角色认知大致会经历以下四个阶段：

1. 角色的行为认知阶段

角色的行为认知主要是指角色扮演者对与角色的行为规范、行为作用、行为责任以及行为与其他社会角色之间的关系的认识。华文教师的角色行为认知即华文教师对其所扮演的角色的认识，角色的实现是以行为表现出来的，因此对华文教师自身的认知就表现在华文教师角色行为的认知上，具体包括华文教师的行为规范、华文教师的职业要求、华文教师的素养等，简单地说就是华文教师适合做什么，不适合做什么，应该做什么，不应该做什么以及应该承担什么样的社会责任。华文教师的角色行为认知是作为一个合格的华文教师首先应该经历的一个阶段，只有具备了这方面的认知能力，才能够成为一名优秀的华文教师。

2. 角色的体验认同阶段

华文教师角色的体验认同阶段，是华文教师角色行为认知在实践中的表现。华文教师在成为一名华文教师之前，对这一角色的认知往往停留在表面，没有深刻的体会，当真正成为一名华文教师之后，通过亲身实践与体会，才能够对华文教师的角色有更多的认同，尤其表现在行为规范和情感体验两方面。华文教师在与学生接触的过程中，体验华文教师角色的实际意义和社会责任，并对自身的角色产生认同感、自豪感和责任感。

3. 角色的反思修正阶段

华文教师角色的反思修正阶段是指通过华文教学实践，华文教师对自身角色认识的反思和修正。在具体的教学实践活动中，华文教师对华文教学的认识会比最初的认识更加成熟、更加深刻，因此对自己的教学理念也会做出改进和调整。

4. 角色的信念固化阶段

华文教师角色的信念固化阶段是指经过很长一段时间的华文教学以后，华文教师对华文教学事业的认识已经趋于成熟和稳定，并且形成了自己稳定而具有特色的教学风格。在这一阶段，华文教师对于教学和教学管理、对于自身的社会责任以及身份特征都有了专业的认识，并且将其内化，从信念上坚定自己的华文事业观念。

三、华文教师的定位与调整

华文教师是一个多重角色的行为主体，因此对于自己角色的定位关系着华文教师的职业发展，同时也影响着华文教学的质量和学生的成长。但是对于华文教师而言，从进入职业到成为一名优秀的华文教师需要经历一个成长的阶段。在这个过程中，华文教师应对自己的角色有清醒的认识，并且根据自己的主要职责对自己进行定位，根据不同的时间段进行调整。只有定位明确才能够找到方向，而且只有准确定位自己，才能知道自己应该做什么，不应该做什么。作为一名华文教师，首先应该将自己定位为知识的传授者和思维的启发者，用先进的教学方法去打动学生、引导学生，从而赢得学生的尊重。

第二节　华文教师的能力与成长

一、华文教师的能力内涵

"能力"是指人顺利完成某种活动所必须具备的心理特征。华文教师的能力是指华文教师进行华文教学以及华文教学相关活动的心理特征，具体包括三方面：一是教师的一般能力；二是教师的教学能力；三是教师的学术研究和教学研究能力。张洁（2007）研究了华文教师的三种能力及其特点，并将华文教师的能力分类如表 7 – 1所示：

表 7-1　华文教师的能力分类

分类		内容	说明	举例
一般能力	教学一般能力	板书能力，撰写教案能力，课堂讲解能力，布置作业能力，使用教具能力	作为教师的基本能力要求	能够熟练选择和使用合适的教学设备
	个人一般能力	观察力、想象力、亲和力、思维能力、逻辑表达能力、反思能力		能够正确地将知识点讲解清楚
教学相关能力	华文教学与设计能力	信息收集能力	针对华文教学特点的学科能力	使用前沿的教学材料，熟悉真实的语言使用情况
		分析、处理教材能力		选择最适合学生的教材
		教学设计能力		根据汉语特点，设计词汇、语音和语法的教学方法
	判断能力	对学生的判断能力	使教学与学生相匹配的判断力	了解学生的华文水平，学习能力和习惯等
		对教学内容的判断能力		识别教学内容的难度、适用度等
		对教学反应的判断能力		观察学生对教学内容和教学方式的接受情况
	课堂组织与管理能力	创设环境的能力	教师在课堂教学中表现出来的能力	创设与学习内容相关的语境
		营造和改良气氛的能力		课前的氛围调动，课中的氛围调节等
		激发学生积极性的能力		激发学生的学习兴趣和好奇心
		调节进度、控制节奏的能力		根据学生的接受情况和反应控制课堂的节奏

（续上表）

分类		内容	说明	举例
教学相关能力	深度沟通能力	建立信任的能力	教师与学生之间建立信任的能力	用自己的知识征服学生，让学生愿意跟着老师学习
		了解学生困惑的能力		及时了解学生在学习中存在的问题，并提供必要帮助
		跨文化交际的能力		在了解学生文化背景的基础上，尊重彼此的文化，良性沟通
学术研究与教学研究的能力	驾驭理论的能力	用理论解释学术现象的能力	服务于华文教学的能力	使用量化与实证的方法研究学生语言背景与其学习能力之间的关系
	驾驭研究方法的能力	使用新方法从事学术与教学研究		

　　应该强调的是华文教师除了具备一般教师应该具备的能力以外，还需要具备与华文教学特点相关的能力。其中教学设计能力、判断能力、课堂组织与管理能力和深度沟通能力都涉及华文教学的特征，是每一个华文教师都要重点培养的能力。另外，学术研究与教学研究的能力，是服务于华文教学的，是支撑华文教学的一种能力。需要引起注意的是，目前学术界有一种不好的现象，即理论与实践脱节，理想的状态是真正从事一线教学的华文教师，能够根据教学实践中存在的问题来从事华文教学研究，直接服务于华文教学的需要，而不是为了做学术而学术。

二、华文教师的知识结构

　　在中国，人们常说："要想给学生一杯水，自己首先要有一桶水。"这句话说明了教师自身知识储备的重要性。同样，作为华文教师，自身的知识储备很重要，只有具有比较深厚的知识储备，才能够在知识输出的时候信手拈来，做到有的放矢。华文教师的知识储备主要包括两个方面：一是知识的内容深度。即华文教师对每一个知识点的掌握要透彻，要能够对知识点进行深入解读，这样在教学的时候才能深入浅出。二是知识结构要合理。知识结构合理主要是指华文教师的知识模块要齐全，这是知识的广度。一般而言，华文教师的知识结构主要包括四部分：教育学知识、心理学知识、语言学知识和文化知识。教育学知识解决的是教学方法的问题，心理学知识解决的是学习规律的问题，语言学知识和文化知识解决的是教学内容的问题。

（一）教育学知识

教育学知识是工具性的知识，简单地说就是关于如何教学的知识。华文教师应该掌握一定的华文教学方法，这些方法来自常规的教学法与华文教学特征的结合。教育学知识包括学生特点研究、教学设计、教学组织、教材编写与测试等多方面。华文教师在学习教育学知识的时候，要有意识地结合华文教学的学科特征，比较不同的教学法，归纳总结出最适合华文教学的方法。

（二）心理学知识

心理学知识研究的是学生学习的心理特征和教师教学的心理特征，以及教学过程中的规律性的东西。华文教师掌握心理学知识，了解学生学习的一般规律，了解学习主体在学习过程中的特征，从而服务于教学。心理学知识中，认知心理学的发展，神经脑科学取得的成就，都为华文教学提供了实证的依据。

（三）语言学知识

语言学知识是教师教学的主要内容。华文教师首先需要掌握的是汉语知识，一方面要从宏观上掌握汉语知识体系，另一方面要从微观上熟练掌握具体的汉语知识。例如，一位华文教师首先要掌握好语音、汉字、词汇、语法、语用的知识体系，同时对词汇内部的掌握也要十分熟悉，比如名词的特点、离合词的教学等。

（四）文化知识

文化知识也是华文教学的重要组成部分。文化知识内涵非常广泛，包含中华文化的诸多方面。例如，文学知识、政治常识、地理知识、风俗习惯、历史知识等等。

三、华文教师的成长与培养

华文教师的能力是不断提升的，知识结构也是不断丰富的，华文教师的成长是一个长期的过程。因此，华文教师的培养很重要，科学的培养模式可以有效提升华文教师的能力，缩短华文教师成长的时间。常见的培养方式有以下三种：

1. 自我反思与自我学习

华文教师首先要有学习的意识，只有不断学习才能不被淘汰。华文教师需要经常自我反思和总结，发现自己的不足，然后有针对性地学习。

2. 相互交流与切磋

同事与同事之间可以相互学习和借鉴，经常与同事讨论教学方法问题，请教教学过程中遇到的问题，有助于教师的自我提升。有效的方法就是去观摩优秀教师的课，学习优秀的教学方法。同时也可以请有经验的老教师来听自己的课，对自己提出改进建议。很重要的一点是教学相长，在教学的过程中经常与学生交流，根据学生的反馈和建议来改进自己的教学。

3. 定期参加培训班

定期参加所在国政府或大学举办的教师培训班或者回国参加中国政府与高校联合举办的海外教师培训班。例如，由国家侨务办公室主办、暨南大学承办的"海外华文教师证书班"就是针对海外华文教师开展的师资培训班。

第三节 华文教师的人格特征与心理健康

一、华文教师人格特征的内涵

人格又称为个性，是指一个人整体的精神面貌，即具有一定倾向性的心理特征的综合。人格是构成一个人的思想、情感及行为的特有模式，在不同的时间与不同的情境中保持相对一致的行为方式的这一种倾向，就是人格特征。范德（Funder）认为，人格是"个体思维、情感和行为的特异性模式，以及在这些模式之下、能够或不能够被观察到的心理机制"。

1959 年，美国心理学家霍兰德（John Holland）在其发表的职业人格理论中，对职业人格的概念进行了概述，他认为职业人格就是与其职业性质相匹配的人格特征，不同的职业种类会有不同的人格类型与其相匹配。

所谓教师人格，是指教师作为教育职业活动的主体，在职业劳动过程中形成优良的情感及意志结构、合理的心理结构、稳定的道德意识和个体内在的行为倾向。[①] 华文教师的人格特征主要是指华文教师在教学和生活中表现出来的个性品质和道德风范，具体包括华文教师的性格特征、道德品质、能力及修养等。

国内外研究者对教师的人格特征进行了研究，并总结了各种对学生有益处的人格特征，蔡岳建等（2006）回顾了有关优秀教师、专家型教师和创造型教师的人格特征研究的丰富成果，对优秀教师的人格特征总结如表 7-2 所示：

表 7-2　不同学者对优秀教师人格特征研究的结果

研究者	优秀教师的人格特征
Ryans（1960）	温和、理解人、友好、负责、有条不紊、富于想象力和亲切热忱

① 王荣德. 现代教师人格塑造 [M]. 天津：天津教育出版社，2004：14.

（续上表）

研究者	优秀教师的人格特征
Schiff & Tatar（2003）	幽默、热情、乐观、自信、乐于接受不同观点、强烈的兴趣爱好、积极性
丁之奇、李铁君、王洪波（1987）	情绪稳定、有恒负责、现实、合乎成规、自主、当机立断、心平气和、自律严谨
吴勇光、黄希庭（2003）	崇高的品德、责任感强、兴趣广泛、才识广博、治学严谨、公正、善良
张焰、黄希庭、阮昆良（2005）	高尚、进取、慈爱、公正、客观、求真、外向、开朗

二、华文教师的人格特征与道德观

研究表明，教师的人格特征对学生的学习兴趣具有一定的影响。华文教师的人格特征应该是正面的、乐观的、积极的，温和、友好、耐心、负责是华文教师的重要人格特征。此外，华文教师的道德观是影响学生道德观的重要因素。华文教师不仅传授学生知识，还扮演着学生人格发展的引导者和榜样的角色，其道德很容易成为学生模仿的目标，因此，崇高的道德观是华文教师必备的品质，尊老爱幼、谦恭礼让、善良正直、公正无私等中华文化中弘扬的道德品质是华文教师应该追求的品质。

华文教师的教学行为不仅仅是一种规范行为，还是一种道德行为，是一种倾注了情感认知的行为。华文教师在对教学行为进行独立自主的设计和选择的同时必须依据一定的价值标准，这个价值标准一方面是确认教学目的、内容和方法的正确性，即科学价值标准；另一方面是教学的道德判断标准，教学目标、教学方法都有其道德内涵，什么知识能够教给学生，什么知识不能够教给学生，而且以什么样的方式教给学生，这是一个很重要的命题。因此，教学本质上必须是一种道德性的活动。华文教师的人格特征以崇高的道德观为基础。

扩展阅读7.2

王老师是一位海外的华文教师，在中国留学很多年，回国后在当地中学任教。面对学生上课不积极、很多学生觉得上课内容很枯燥的现象，为了改善自己的课堂氛围，王老师觉得可以教一些比较刺激的内容，于是他选择了给学生教一些汉语中的谩骂语。有个班上的男孩子比较多，一开始大家确实很感兴趣，并且跟着模仿。后来王老师发现，学生的汉语水平没有提高，但是使用谩骂语的频率很高，同学之间经常以用汉语谩骂为荣。王老师意识到自己在教学上做了一个不好的示范，于是要求学生不许说脏话，但是学生却不以为然。

（节选自暨南大学华文学院教师访谈录，2016）

以上案例表明，教师无论在教学方法还是教学内容上的选择与设计都必须以道德的标准来加以衡量，以免对学生造成不良影响，影响学生的人格发展和价值观的形成。华文教师的道德观应该以尊重并促进学生个性发展和全面持续发展为目标。

三、华文教师的自我认知与人格特征

自我认知（self-cognition）是对自己的洞察和理解，包括自我观察和自我评价。自我观察是指对自己的感知、思维和意向等方面的觉察；自我评价是指对自己的想法、期望、行为及人格特征的判断与评估，这是自我调节的重要条件。华文教师人格特征的自我认知则是强调华文教师应该对自己的人格特征进行自我观察和自我评价，并以促进学生成长为目的完善自己的人格特征。

华文教师人格特征的自我认知有两种主要方式：一种是自我评定，以华文教师人格特征表中的指标作为参考给自己打分或者评级，然后进行自省与完善；另一种就是借助别人的帮助完成评定，例如通过对学生进行问卷调查，让学生来进行评价等，教师再根据评价结果进行分析和自我改善。

四、华文教师的心理健康标准

（一）心理健康的概念

健康是指一个人在身体、精神和社会等方面都处于良好的状态。1989 年，世界卫生组织（WHO）给健康下的定义是："健康不仅是躯体没有疾病，还要具备心理健康、社会适应良好和有道德。"这表明，健康的人要有强壮的体魄和乐观向上的精神状态，并能与其所处的社会及自然环境保持协调的关系和良好的心理素质。

心理健康的基本含义是指心理的各个方面及活动过程处于一种良好或正常的状态。心理健康的理想状态是保持性格完美、智力正常、认知正确、情感适当、意志合理、态度积极、行为恰当、适应良好的状态。华文教师作为知识的传授者、人格的引导者，其心理健康关系到学生心智的发展和成长，教师的心理健康直接影响学生的心理健康，同时还影响着学生的学习效果和师生关系。因此，华文教师的心理健康问题应该引起足够的关注。

（二）常规心理健康的标准

美国著名心理学家马斯洛在20世纪50年代提出心理健康的"最经典标准"：

（1）有适度的安全感，有自尊心，对自我的成就有价值感。

（2）适度地自我批评，不过分夸耀自己也不过分苛责自己。

（3）在日常生活中，具有适度的主动性，不为环境所左右。

（4）理智，现实，客观，与现实有良好的接触，能容忍生活中的挫折、打击，无过度的幻想。

（5）适度地接受个人的需要，并具有满足此种需要的能力。

（6）有自知之明，了解自己的动机和目的，能对自己的能力作客观的估计。

（7）能保持人格的完整与和谐，个人的价值观能适应社会的标准，对自己的工作能集中注意力。

（8）有切合实际的生活目标。

（9）具有从经验中学习的能力，能适应环境的需要改变自己。

（10）具有良好的人际关系。

根据徐光兴（2001）的研究，他认为心理健康标准包括以下几方面：①有幸福感和安定感；②身心的各种机能健康；③符合社会生活的规范，自我的行为和情绪适应；④具有自我实现的理想和能力；⑤人格统一与调和；⑥对环境能积极地适应，具有现实志向；⑦有处理、调节人际关系的能力；⑧具有应变、应激及从疾病或危机中恢复的能力。①

（三）华文教师的心理健康标准

华文教师作为教师中的一个特殊的群体，对心理健康要求更为严格。华文教师面临的教学环境和生活环境更加复杂化和多元化，不仅面临着一般教师的心理问题，同时还面临着文化冲突的压力以及跨文化交际中的其他问题。华文教师的心理健康问题，不仅仅关系到学生的心理健康，更关系到学生对华文的理解和接纳，影响着学生的学习动机和学习兴趣，甚至学习效果。

根据已有的研究成果，我们总结归纳了华文教师心理健康的九条标准：

一是热爱华文教师职业，包括认同职业角色；热爱教育工作；认真负责、充满信心；情感真挚而饱满。

二是具有良好和谐的人际关系，包括妥善处理人际关系，乐于与人共事；尊重、信任他人；了解彼此的权利和义务；客观了解和评价他人；积极真诚的沟通；良好的师生关系，乐于帮助学生。

---

① 徐光兴.临床心理学：心理健康与援助的学问［M］.上海：上海教育出版社，2001：62.

三是正确的自我认识，包括客观真实地了解自己；发现自己的不足并努力改正；发扬自己的优势；确立奋斗目标，不断完善自我。

四是自我管控，包括良好的意志品质；坚定的原则和信念；勇敢面对困难。

五是有效调剂不良情绪，包括乐观积极的心境；稳定的情绪；合理宣泄情感；不将情绪带入课堂。

六是教学与创新，包括不断学习的心态和习惯；教学方法不断突破创新的思维与行动。

七是良好的心理适应能力，包括对生活环境的快速适应能力；对教学内容更新的适应能力；对学生年龄阶层更新的适应能力。

八是人格的健全，包括稳定的人格特征；不偏激、不暴躁。

九是有效克服文化冲突，包括尊重所在国的文化与习俗；弘扬中华文化；充分的交流与沟通。

（四）华文教师常见的心理问题与解决办法

华文教师常见的心理问题主要表现在以下三个方面：

1. 生活方面

（1）环境、气候适应能力差带来的困惑。

华文教师工作的地点分布于世界各地，环境和气候也存在很大的差异，如热带地区气候极其炎热，一些国家和地区公共交通不是特别方便，很多教师无法便利出行等。不同环境的差异让华文教师一时间无法适应，常常比较苦闷，容易引起心理上的焦躁。

（2）生活习惯、饮食起居适应能力差引起的焦虑。

华文教师长期居住在当地，必然要适应当地国家的生活习惯，比如饮食习惯、生活方式等，但是有些华文教师一时无法适应，并且伴随着一些身体反应的出现，例如头疼、拉肚子等，很容易引起心理上的焦虑。

2. 职业方面

（1）职业认同感落差。

华文教师的职业认同感落差主要是华文教师在实际体验中对华文教育这一职业的认识与自己最初的职业认识之间的差距。真正进入一线教学以后发现，自己并不喜欢这份工作，或者对于自己从事的这一职业缺乏信心，造成心理不平衡，很难将全部心思投入到教学中去，进而缺乏成就感。

（2）角色定位困惑。

华文教师的角色定位困惑主要是指华文教师面对多重的角色选择，有时候容易失去方向。很多教师希望自己成为一个温和、儒雅的知识的传授者，然而现实的环境使得华文教师常常扮演的是严肃的课堂管理者角色，学生对教师的期待、家长对教师的期待以及教师自己的职业期待很难达成统一，此时容易给华文教师带来困惑。

扩展阅读 7.3

小李是在泰国的一位华文教师，最初她的职业定位是做一位像知心姐姐一样的教师，每天带给学生新的知识，能够和学生一起快乐地学习。然而进入当地课堂以后，她慢慢发现自己每天都在和一群熊孩子斗智斗勇，百分之七十的时间都是在做课堂管理。于是她将情况反映给了班主任，班主任对调皮的学生采取了"体罚"措施。她看到学生被老师体罚，内心很难受，于是下次再出问题她不报告给班主任了。但是她自己就必须做一个"母老虎"一样的老师，对此她常常问自己，我这样做对吗？这是我当初想要成为的角色吗？

（节选自暨南大学华文学院教师访谈录，2016）

（3）职业技能存在短板。

华文教师的职业技能短板是指在实际教学过程中，华文教师在教学方法上还存在着缺陷，比如无法调动学生的学习积极性，无法将某些复杂的知识点讲解透彻，很难设计出满足学生需要的课程内容，教学风格与学生的兴趣不符合，等等。职业技能需要教师在实践中不断摸索，不是一蹴而就的。因此当职业技能短板暴露出来以后，不要立刻否定自己，而是要虚心请教，针对问题寻找措施，尽快提升自己。

（4）容易产生职业倦怠。

职业倦怠（job burnout）指个体在工作重压下产生的身心疲劳与耗竭的状态。最早由弗罗伊登伯格（Freudenberger）于1974年提出，他认为职业倦怠是一种最容易在助人行业中出现的情绪性耗竭症状。

华文教师的职业倦怠一般包括以下三方面：①情感衰竭：指没有活力，没有工作热情，感到自己的感情处于极度疲劳的状态。它是职业倦怠的核心维度，具有最明显的症状表现。②去人格化：指刻意在自身和工作对象间保持距离，对工作对象和环境采取冷漠、忽视的态度，对工作敷衍了事，个人发展停滞，行为怪僻等。③无力感或低个人成就感：指倾向于消极地评价自己，并伴有工作能力体验和成就体验的下降，认为工作不但不能发挥自身才能，而且是枯燥无味的烦琐事物。

扩展阅读 7.4

马勒斯（Maslach）和莱特（Leiter）于1997年提出了职业倦怠的工作匹配理论。他们认为，员工与工作在以下六方面越不匹配，就越容易出现职业倦怠，包括：

工作负荷：如工作过量；

控制：控制中的不匹配与职业倦怠中的无力感有关，通常表明个体对工作中所需的资源没有足够的控制，或者指个体对使用他们认为最有效的工作方式没有足够的权威；

报酬：可以指经济报酬，更多地指生活报酬；

社交：比如员工和周围的同事没有积极的联系（有可能由于工作把个体隔离或者缺乏社会联系，但同时工作中与他人的冲突影响严重）；

公平：由工作量或报酬的不公平所引起，评价和升迁的不公平则容易带来情感衰竭；

价值观冲突：员工和周围的同事或上司价值观不一致。

（节选自孙红. 职业倦怠［M］. 北京：人民卫生出版社，2009）

华文教师一旦遇到职业倦怠期，便要使用正确的方法来解决，主要的解决措施有以下四种：

第一，认知改变。华文教师要更清楚地认识自己的能力和机会，不要因为不恰当的期望和努力失败而产生职业倦怠，应不断树立小目标，然后给自己寻找完成目标以后的成就感。例如，换个角度，多元思考；学会欣赏自己，善待自己；遇到挫折时，要善于多元思考；"塞翁失马，焉知非福"，适时自我安慰，千万不要过度否定自己。

第二，以积极的心态面对问题。华文教师应该意识到职业倦怠并不是不可以改变的，应积极主动地去调整。把工作难关当作挑战，不要轻视自己，要多自我鼓励。不懂就问人，或寻求外援，唯有实际解决困难，才不会累积压力。

第三，合理的归因训练。把问题的原因归结为个体可以控制的因素，如能力和努力等，然后根据问题寻找解决问题的方法。例如，适时进修，加强实力。职业倦怠很多情况下是一种"能力恐慌"，这就必须不断地为自己充电加油，以适应社会环境的压力。

第四，开放积极地表达自己的意见，尽最大努力去改变环境，合理地饮食和锻炼，都有助于华文教师逃离职业倦怠的困扰。例如，利用假期给自己一个放空的休息时间；适当运动；寻找值得信赖的朋友倾诉自己在工作、生活、感情上碰到的困惑，排遣内心的压力，请朋友帮助自己分析、排解。

3. 跨文化交际方面

（1）人际交往障碍。

部分华文教师会面临着人际交往障碍，一方面是由于华文教师的工作在国外，远离自己的家乡，而且每天面对的是校园这个相对封闭的环境，还有语言不通等问题；另一方面，一些教师本身的性格比较内向，缺乏必要的沟通技巧。人际交往障碍往往给华文教师带来孤独感，孤独感容易使人变得更加孤僻，从而变成恶性循环。人际交往障碍表现在华文教师和同事之间的交流较少，不愿意主动和身边的同事进行交际沟通，很难和当地老师打成一片。此外还缺乏和学生的必要交流，不了解学生，给学生造成陌生的感觉，师生关系不理想。

扩展阅读7.5

来美国一个月了，最近心情很烦。我现在在一所高中教中文。班里的学生有亚洲裔、非洲裔的，还有几个白人学生。我一开始对他们很友好，没有想到一个越南裔女生每次上课都要求上卫生间，有几个男生还经常离开座位打斗。我讲语法的时候，把句型和例子都写在黑板上，不到十分钟就没有人听讲了。本来想批评他们几句，可是英语没有那么流利。我说话的时候，学生还看着我，用英语跟我争辩。在中国我从没有遇见过这么没礼貌和不守纪律的学生。美国的学校和我想象的太不一样了。每天下课后我都觉得非常沮丧，有时候真的很想哭。

（节选自祖晓梅. 跨文化交际 ［M］. 北京：外语教学与研究出版社，2015：163）

（2）文化理解障碍。

文化理解障碍主要是华文教师面对当地的文化习俗无法理解和接受，一旦出现文化冲突就选择逃避，有时甚至造成误解，产生厌烦情绪。

第四节　华文教师的职业心理

职业心理是指体现于职业活动中的个体心理倾向和心理特征。华文教师的职业心理就是指在华文教学这个职业活动中华文教师的心理倾向和心理特征。主要包括：华文教师自尊、华文教师的职业承诺、华文教师的组织公民行为、华文教师的心理所有权、华文教师的职业心理发展。

一、华文教师自尊

（一）华文教师自尊的定义

自尊就是自己对自我的价值感，简单地说就是自己对自己的态度，主要包括自我效力和自爱两方面。自我效力，即对自己处理困难的能力的自信；自爱则是对自己有美好生活的权利的肯定。

由此可见，教师自尊就是教师对于自己作为教师的价值感的感受。自尊最主要的特征就是带有极大的主观性。到目前为止，对自尊最有效的测量方法就是量表测量方式。国内外编制的自尊量表最早的是由 Janis & Field（1959）编制的缺陷感量表（The Feeling of Inadquacy Scale，FIS）。后来，陆续出现了多种版本的量表，如 M. M. Mboya（1995）编制的自我描述问卷（The Self-description Inventory，SDI）、D. Watkins 和董奇（1994）编制的自我描述问卷（The Self-description Questonarie－1，SDQ－1）中国版本等。

（二）华文教师自尊的心理作用

教师的自尊与心理健康有密切的关系。已有心理学研究通过《症状自评量表 SCL－90》的检测发现：自尊感较好，心理健康状态也较好，具体行为往往表现为对自己的评价较高，自信、积极，肯定自己、尊重别人；自尊感较弱，心理健康状态也会较弱，具体行为往往表现为对自己的评价较差，消极、否定自己，对自己要求苛刻，严重的自卑心理。

华文教师自尊表现在对华文教师职业的认同，对华文教师职业的内容、特征、价值的清醒认识和肯定，从而能够在华文教师这一身份上得到自己的需求和情感的满足，通过华文教学实现并认可自己的价值。

二、华文教师的职业承诺

（一）职业承诺的定义

职业承诺（career commitment）的观点最早源于莫德（Mowday）、波特（Porter）等（1979，1974，1970）提出的组织承诺理论与测量方法。职业承诺是指一个人对他所选择的职业或工作价值的信念和接受程度，以及保持成为某一职业成员的意愿（Vandenberg & Scarpello，1994）。华文教师的职业承诺就是指华文教师对华文教师职业以及华文教育事业的工作价值的自信和接受程度，以及对于保持成为华文教师的意愿。华文教师的职业承诺是一个不断发展变化的过程，这与其对华文教育的认知程度有关，从表面的认识到体验，再到深层次的认识，华文教师的职业承诺在不断发生变化。从已有的《教师职业承诺量表》研究结果来看，华文教师的职业承诺可以从四个方面来考察：①情感承诺，即华文教师对作为华文教师这一职业的认同、喜欢与感情投入程度；②规范承诺，即华文教师的责任感，表现在自我内心的责任感和社会规范约定的责任感；③持续承诺，即华文教师对于保持成为华文教师的意愿，换句话说即华文教师对于离开本职业成本的认知，对机会成本的权衡；④理想承诺，即华文教师对于成为华文教师与自己理想、价值符合程度的认知。

（二）华文教师职业承诺的心理作用

研究表明，一个具有强烈的职业承诺感的人比一个缺乏职业承诺感的人更容易认同他所从事的职业，也更容易体验到对职业的积极性。华文教师职业承诺的强弱会决定华文教师的教学态度和教学效果。一个从内心高度认可、热爱华文教育的教师对华文教学更加充满激情，态度更加积极，在对待华文事业时更加自信而坚定，并反映在教学的各个环节以及对待学生的态度上。相反，一个对华文教师职业承诺不强的人，其职业态度会大打折扣，甚至会怀疑自己所从事的职业的价值和意义，因此不可能全身心地投入到教育事业中去，这对教学和学生的成长无疑是不利的。

三、华文教师的组织公民行为

（一）华文教师组织公民行为的定义

凯茨（Katz）和卡恩（Kahn）在1966年提出"组织公民"的概念，认为一个功能性的组织需存在三种基本的行为：第一，必须能吸引员工进入并保留在组织系统内；第二，确保员工以可信赖的方式符合组织特定角色的要求；第三，必须有超越角色规定的创新和自动自发的活动存在。其中第一类与第二类行为就是所谓的"角色内行为"，第三类行为就是我们所谓的"组织公民行为"，这是组织公民行为重要的理论基础之一。

华文教师的组织公民行为指的是华文教师在完成其角色内任务的同时，表现出来的超越角色规定的创新和自动自发的行为。根据《教师的组织公民行为量表》研究结果，我们可以把华文教师的组织公民行为的内容概括为以下四个方面：①角色内行为，即华文教师严肃认真、尽职尽责地对待工作的行为；②组织公益行为，即华文教师对学校的忠诚，维护学校尊严和利益，参与学校活动的行为；③人际利他行为，即华文教师愿意主动帮助同事完成任务或是防止同事在工作上可能发生错误的行为；④自我充实行为，即华文教师为了提高工作质量，自愿改进知识，提升技能和能力的行为。

（二）华文教师组织公民行为的心理作用

华文教师的组织公民行为可以提高教学绩效，促进教学的成功，同时对学校的管理和效率的提升也有较大的帮助，能够优化学校的工作环境，对于学校吸引和保持高能力的教师也具有很大的促进作用。从长远来看，华文教师的组织公民行为无论是对华文教学绩效还是学校教学的稳定性都有较大帮助。

四、华文教师的心理所有权

皮尔斯（Pierce）等（2001）首先提出了心理所有权的概念，认为心理所有权是一种状态，即个体认为目标物属于自己的感觉状态。心里具有强烈的职业承诺感的人比一个缺乏职业承诺感的人更容易认同他所从事的职业，也更容易体验到对职业的积极性。心理所有权具有以下特征：

第一，所有权情感与"我""我的"及"我们的"这些词语相关。心理所有权概念的核心是对某个特定目标的占有感。

第二，心理所有权反映了个体和客体之间的关系，客体在目标心灵里与自我有一种亲密的关系，是"延伸了的自我的一部分"。个体占有的那些东西变成了个体自身的一部分。

第三，心理所有权状态是很复杂的，它同时包含了情感和认知元素。在这种状态下，人通过理性思维清醒地认识事物。它反映了个体对所有权目标的意识、思想和信念。然而，这种认知状态同时伴随着情绪或情感的成分。我们都有这样的体验：如果自己是某个物品的所有人，尤其当其比较珍贵或稀有时，所有权情感可以带来愉快并伴随着效能感，当自己的所有权或团队共享的集体所有权被侵犯时，这种情感元素的作用更明显。

综上所述，教师心理所有权是一种状态，是教师对学校里的（物质形态或非物质形态的）客体产生的一种拥有感，即教师感觉对学校的物、人和教育产出等目标物（或者是目标的一部分）产生了一种拥有感。华文教师心理所有权，就是华文教师对华文学校里的客体产生的一种拥有感。

五、华文教师的职业心理发展

华文教师的职业心理发展是指华文教师在深刻认识自身角色的基础上，依照社会的期望和自身的实际情况不断对自己的行为及心理进行调整，使其能够适应角色的要求并不断促进角色向积极方向发展。[①] 因此，我们需要清楚认识到华文教师的职业心理发展是一个阶段性的事情，它伴随着华文教师职业终生，每一个华文教师在职业生涯中都应该不断地调整自己的职业心理，不断地优化自己的心理素质，做一名优秀和幸福的华文教师。

第五节　华文教师的情感与教学

一、华文教师的身份困惑

华文教师主要是指在海外从事华语和华语文化教学的教师。华文教师主要分为两类：一是中国国籍，但是在国外从事华文教学的华文教师；另一种是当地国籍并从事

---

① 郑燕燕. 中小学教师职业心理状态探析［J］. 临床心身疾病杂志，2005，11（4）：381-382.

华文教学的华文教师。对于第一类教师而言，长期远离故土，生活饮食起居受当地的影响，已经习惯了当地的风土人情和生活习惯，但在当地人眼中，他们依旧是一个外国人，只是一个外教的身份。对于第二类教师，不存在第一类教师的情况，他们更多面临的是与外来华文教师的比较上，无论是文化理解的深度还是语言掌握的纯熟度，与中国华文教师比他们相对逊色，因此他们对于自己华文教师的身份具有怀疑性或者包含着一定的不自信。

二、华文教师中华文化情感的培养与教学

作为一名华文教师，首先应该是支持华文教育的，同时认同中华文化。一位认同华文及其文化的教师在教学中能够投入更多的情感，因此其课堂更加具有感染力，也更加容易取得预期的教学效果。

华文教师中华文化情感的培养是一个持续的过程，首先是增加对中国发展现状的了解和认识，很多教师对中国的认识依然停留在陈旧的教科书上，特别是当地的本土华文教师；其次是增加对中国传统文化的研读和理解，只有真正理解了中华文化才能对中华文化产生认同感；最后是多参加中华文化考察项目，经常来中国进行实地考察和走访，增加体验。

本章内容提要

1. 华文教师角色的内涵是指在整个华文教学中，华文教师所扮演的角色、所发挥的作用以及在职责范围内应该完成的活动。通常来讲，华文教师的角色包括课堂教学的组织者、知识学习的促进者、人格发展的引导者、信息的提供者等。

2. 课堂教学的组织者，指华文教师作为管理者角色对课堂学习从开始到结束的全面管理和把控。

3. 知识学习的促进者，指教师不仅仅是知识的传授者，而且以学生为中心，激励学生学习，并且协助学生实现知识的获得与知识体系的构建。

4. 人格发展的引导者，指华文教师在教授学生知识的过程中同时引导学生完善自己的人格，甚至成为学生心目中的榜样，起着模范作用。

5. 信息的提供者，指华文教师在华文教育中给学生提供所需信息的来源。

6. 华文教师角色的多重性指华文教师不仅是知识的传授者，而且是信息的提供者、学习的促进者、课堂的组织者、人格的榜样、行为习惯的示范者、教学的研究者和文化的传播者。

7. 华文教师角色的完善性是对华文教师提出的要求。一个优秀的华文教师不仅在教学上表现优秀，而且在其每一个角色上面，如知识的丰富度、人格的完善、管理的

科学等等，都达到较高的水平。

8. 华文教师的角色认知是一个动态的过程，也是一个不断发展直至完善的阶段，大致会经历四个阶段：角色的行为认知阶段、角色的体验认同阶段、角色的反思修正阶段和角色的信念固化阶段。

9. "能力"是指人顺利完成某种活动所必须具备的心理特征。华文教师的能力是指华文教师进行华文教学以及华文教学相关活动的心理特征。具体包括三方面：一是教师的一般能力；二是教师的教学能力；三是教师的学术研究和教学研究能力。

10. 一般而言，华文教师的知识结构主要包括四部分：教育学知识、心理学知识、语言学知识和文化知识。教育学知识解决的是教学方法的问题，心理学知识解决的是学习规律的问题，语言学知识和文化知识解决的是教学内容的问题。

11. 华文教师的成长与培养有三种方法：自我反思与自我学习、相互交流与切磋、定期参加培训班等。

12. 华文教师的人格特征主要是指华文教师在教学和生活中表现出来的个性品质和道德风范，具体包括华文教师的性格特征、道德品质、能力及修养等。

13. 华文教师不仅传授学生知识，还扮演着学生人格发展的引导者和榜样的角色，其道德很容易成为学生模仿的目标，因此，崇高的道德观是华文教师必备的品质，尊老爱幼、谦恭礼让、善良正直、公正无私等中华文化中弘扬的道德品质是华文教师应该追求的品质。

14. 1989 年，世界卫生组织（WHO）给健康下的定义是："健康不仅是躯体没有疾病，还要具备心理健康、社会适应良好和有道德。"这表明，健康的人要有强壮的体魄和乐观向上的精神状态，并能与其所处的社会及自然环境保持协调的关系和良好的心理素质。

15. 华文教师常见的心理问题主要表现在三个方面：①生活方面，如环境、气候适应能力差带来的困惑，又如生活习惯、饮食起居适应能力差引起的焦虑；②职业方面，如职业认同感落差、角色定位困惑、职业技能存在短板、容易产生职业倦怠；③跨文化交际方面，如人际交往障碍、文化理解障碍等。

16. 华文教师的职业倦怠一般包括以下三方面：情感衰竭、去人格化和无力感或低个人成就感。华文教师一旦遇到职业倦怠期，便要使用正确的方法来解决，主要的解决措施有：认知改变；以积极的心态面对问题；合理的归因训练；开放积极地表达自己的意见，尽最大努力去改变环境，合理地饮食和锻炼。

17. 职业心理是指体现于职业活动中的个体心理倾向和心理特征。华文教师的职业心理就是指在华文教学这个职业活动中华文教师的心理倾向和心理特征。主要包括：华文教师自尊、华文教师的职业承诺、华文教师的组织公民行为、华文教师的心理所有权、华文教师的职业心理发展。

18. 华文教师自尊表现在对华文教师职业的认同，对华文教学职业的内容、特征、价值的清醒认识和肯定，从而能够在华文教师这一身份上得到自己的需求和情感的满足，通过华文教学实现并认可自己的价值。

19. 职业承诺是指一个人对他所选择的职业或工作价值的信念和接受程度，以及保持成为某一职业成员的意愿。华文教师的职业承诺就是指华文教师对华文教师职业以及华文教育事业的工作价值的自信和接受程度，以及对于保持成为华文教师的意愿。华文教师的职业承诺可以从四个方面来考察：①情感承诺，即华文教师对作为华文教师这一职业的认同、喜欢与感情投入程度；②规范承诺，即华文教师的责任感，表现在自我内心的责任感和社会规范约定的责任感；③持续承诺，即华文教师对于保持成为华文教师的意愿，换句话说即华文教师对于离开本职业成本的认知，对机会成本的权衡；④理想承诺，即华文教师对于成为华文教师与自己理想、价值符合程度的认知。

20. 华文教师中华文化情感的培养是一个持续的过程，首先是增加对中国发展现状的了解和认识，很多教师对中国的认识依然停留在陈旧的教科书上，特别是当地的本土华文教师；其次是增加对中国传统文化的研读和理解，只有真正理解了中华文化才能对中华文化产生认同感；最后是多参加中华文化考察项目，经常来中国进行实地考察和走访，增加体验。

复习与思考

一、名词解释
1. 华文教师角色的内涵　2. 课堂教学的组织者　3. 知识学习的促进者
4. 人格发展的引导者　5. 信息的提供者　6. 华文教师角色的多重性
7. 华文教师角色的完善性　8. 华文教师的职业承诺
二、问答题
1. 华文教师的知识结构包括哪些内容？
2. 什么是能力？什么是华文教师的能力？如何培养华文教师的能力？
3. 什么是华文教师的角色认知？包括哪些过程？
4. 请结合实际，谈一谈如何有效地培养华文教师，促进他们的成长。
5. 什么是心理健康？华文教师常见的心理健康包括哪些内容？如何维护华文教师的心理健康？
6. 什么是华文教师的职业承诺？包括哪些内容？
7. 请结合实际，谈一谈如何培养华文教师的中华文化情感。

延伸阅读

[1] 戴维·冯塔纳. 教师心理学 [M]. 王新超, 译. 北京: 北京大学出版社, 2000.

[2] 陈永胜.. 小学生心理卫生 [M]. 济南: 山东教育出版社, 1994.

[3] 徐胜三. 中学教育心理学 [M]. 北京: 人民教育出版社, 1993.

[4] 冉乃彦. 给年轻教师的建议 [M]. 上海: 华东师范大学出版社, 2012.

[5] 陈永明. 教师教育学 [M]. 北京: 北京大学出版社, 2012.

第八章　华文学生的心理健康教育

华文学习者作为华文教学的主体，既是学习的主体，也是培养的对象。华文学习者通过华文学习，不但要在华语和中华文化方面得到提升，而且在其心智与人格方面也要实现成长和突破。因此，关注华文学生的心理健康十分重要。华文学生的心理健康教育也成为华文教育的重要组成部分。

第一节　华文学生心理健康教育概述

第七章已经对健康的定义和心理健康的定义作了界定，这一章将讨论华文学习者的心理健康问题。

一、华文学生心理健康教育的概念和内涵

华文学生心理健康教育是针对华文学习者的心理成长开展的教育，旨在培养华文学习者良好的心理素质，提高华文学生的心理机能，发挥华文学生的心理潜能，进而促进学生个性的全面发展。简而言之，华文学生心理健康教育就是根据华文学生的生理和心理特征，用心理学规律和方法，解决华文学生成长中遇到的问题，帮助学生心智的成长和素质的培养。从华文学生心理健康教育的概念，我们可以看出华文学生心理健康教育主要是解决一切与华文学生心理素质有关的问题。华文学生的心理健康教育解决的不仅仅是华文学生成长中遇到的问题，更重要的是提高华文学生的心理素质，开发其心理潜能，具体包括认知能力培养、情绪管理能力培养、逆商培养、个性发展等。

二、华文学生认知能力的教育

（一）认知与元认知

认知是对智力、思维、情感、语言的认知活动。从这一层面上讲，认知能力就是对智力、思维、情感、语言认知能力的总和。

认知能力（cognitive ability）是指人脑加工、储存和提取信息的能力，即人们对

事物的构成、性能与他物的关系、发展的动力、发展方向以及基本规律的把握能力。认知能力是完成活动最重要的心理条件。知觉、记忆、注意、思维、情感、语言和想象的能力都被认为是认知能力。

美国心理学家加涅提出五种认知能力：言语信息（回答世界是什么的问题的能力）；智慧技能（回答为什么和怎么办的问题的能力）；认知策略（有意识地调节与监控自己的认知加工过程的能力）；态度（情绪和情感的反应，形成学习者的态度，指使学习者形成影响行为选择的内部状态或倾向）；动作技能（由有组织、协调统一的肌肉动作构成的活动）。华文学生认知能力的培养主要从其记忆、注意、思维、情感、语言和想象力等方面入手，贴合华文教育的本质和特征，能提升华文学生的心理机能。

元认知的概念最早由美国心理学家弗拉维尔于 1976 年在其所著的《认知发展》一书中提出。他认为元认知是对主体自身活动的认知，是关于认知的认知，是主体对其认知加工过程的自我觉察、自我评价、自我调节。它以认知过程和认知结果为对象，以对认知活动的调节和监控为外在表现。简单地说，它是认知主体对自身心理状态、能力、任务、目标、认知策略等多方面因素的认知。培养华文学生的元认知能力就是加强华文学生的自我认识能力和自我监控与调节能力，让学生学会自我观察、自我了解，熟悉自己的状态，清楚自己目前的能力，明确自己的任务目标，合理使用学习策略，及时检测和调整自己的学习策略，积极主动地参与自我管理。

（二）认知能力与创造力

创造分为真创造和类创造两种类型，因此创造性思维也分为真创造性思维和类创造性思维。真创造性思维是科学家和其他发明家最终产生的对人类来说是新的和有社会价值的成品的思维活动。类创造性思维是对个体而言的，它是指个体发现前人已发现的思维成品，只不过这种思维成品对个体来说是新的。比如学会了汉语"把"字句的学生，在学"被"字句的时候发现可以利用"把"字句的特征来学习"被"字句，同样具有创造性，所以这种创造性活动称为类创造性思维。儿童由于本身的知识有限，他们大多数的创造活动依赖于类创造性思维或再生性思维，这种再生性思维主要体现在他们解决问题的能力上。解决问题的过程有助于激发和培养人的创造性思维，因此，培养华文学生的创造性思维能力可从培养他们的类创造性思维能力入手，即从培养他们解决问题的能力入手。在华文教学过程中，教师要有意识地引导学生提问题，同时鼓励学生主动去思考问题和解决问题。教师在教学设计上，应该将提出问题和解决问题作为常规必备的训练项目，经常进行训练，达到熟能生巧，进而让"提出问题—解决问题"成为学生的一种习惯。

学生创造力的培养是认知能力培养的重要组成部分，同时认知能力的全面提升有助于创造能力的加强。学生记忆能力提高、注意力的加强、语言表达能力和想象力的提高，尤其是元认知能力水平的上升，对于创造性思维的促进作用是巨大的，而创造性思维能力的提高也会促进认知能力的加强。

三、华文学生情绪管理能力的教育

（一）情绪和情绪管理的定义

情绪是个体对外界刺激的主观的有意识的体验和感受，具有心理和生理反应的特征。情绪无好坏之分，一般分为积极情绪和消极情绪。但是，由情绪引发的行为以及由此所导致的行为后果则有好坏之分。所以情绪的管理很重要，管理情绪不是消灭情绪，而是疏导情绪。

情绪管理（emotion management）是指通过研究个体和群体对自身情绪和他人情绪的认识、协调、引导、互动和控制，充分挖掘和培植个体与群体的情绪智商，培养其驾驭情绪的能力，从而确保个体和群体保持良好的情绪状态，并由此产生良好的管理效果。有效的情绪管理就是善于掌握自我，善于调控和调节情绪，对生活中由矛盾和突发事件引起的消极情绪反应能适可而止地进行排解，能以乐观的态度、幽默的情趣及时地缓解紧张的心理状态。通俗地理解，情绪管理就是用对的方法及正确的方式，探索调整和放松自己的情绪的活动过程。情绪管理不当容易影响生理健康、人际关系和学习效率，因此，情绪管理对于华文学生的成长至关重要。

（二）情绪的特点

进行情绪管理首先要理解并明白情绪的特点。情绪是一种反应，有诸多的表现形式，大致包含四个方面：主观感觉、生理变化、表情动作、行为冲动。情绪的特点主要如下：

1. 易失控性

情绪的易失控性又叫作情绪的难控制性，是指情绪容易受到外界条件的刺激而不容易驾驭，在情绪的调节和管理上有难度。例如，学校举行华语演讲比赛，对于第一次登台演讲的学生来说，面对人群往往容易紧张，一紧张就容易出现错误，如果没有拿到好成绩，心情就容易低落和伤心；相反，拿到了好名次的学生，情绪就会特别高涨，很开心，也会很容易忘了之前的紧张心态并享受快乐时光。

2. 两面性

情绪的两面性是指情绪分为正面情绪和负面情绪，正面情绪是能对人的健康和活动起到积极影响的心理状态。通常，必要的紧张是维持注意的重要条件，也是学习责任感的产物，有利于学习效率的提升，是一种正面情绪；但是，如果紧张过度，就会变成焦虑，过度焦虑不仅不能促进学习，反而会影响学习效果，导致厌学情绪。

3. 身心交互性

身心交互性是指情绪作为一种心理状态会引起生理上的反应。例如，高兴的心情，反映在生理上就是眉开眼笑，面带春风；悲伤情绪的反映就是愁眉苦脸，面色凝重。

4. 传递性

情绪的传递性表现在两个方面：一是正面情绪与负面情绪之间的相互传递，如乐极生悲。二是情绪具有感染性，一个人的情绪很容易传递给身边的人。一个总是充满负面情绪的人，给他身边的人传递的都是消极的情绪；相反一个乐观积极的人，总是给身边的人传递正能量。

5. 激发性

情绪可以成为人的行为动力，给人的心理活动提供能量，对个体的行为具有驱动作用。教师在上课之前都会进行一小段课堂导入，这一阶段的一个重要任务就是调节学生的情绪，将学生的情绪调节到一个高亢的状态，激发他们学习的动力。

6. 阶段性

每个人的情绪都不是一成不变的，不会有人一直开心，也不会一直处于低落的谷底，因此应该调节和控制情绪，使情绪尽量稳定并保持在一个积极的状态。

(三) 华文学生的情绪特征

华文学生因为其特殊的文化背景，显现出了不同的情绪特征。此外，年龄、性别、家庭环境等都是影响华文学生情绪特征的重要因素。本章主要从共性的角度，探讨华文学生情绪特征的普遍性。

1. 不稳定性

华文学生大多数在 6 岁到 25 岁之间，这一阶段是学生成长和叛逆时期，各方面的能力都处于发育和完善阶段，因此对于情绪的控制和管理能力稍弱。整体来看，独立意识开始形成和发展，自尊心强，争强好胜，思想比较敏感，兴趣点多样化，导致这一阶段的华文学生情绪波动较大，感情易消退，呈现不稳定性。

2. 社会性

随着科技的发展、互联网的普及和智能通讯的使用，学生获取信息的方式更加多元化，每天接触到的社会各方面的信息量越来越大，学校、社会大环境对学生的影响也更大，社会集体舆论和价值观对学生自身的价值判断也产生着重要的影响。学生的情绪也容易受社会实践的干扰和影响，表现出其社会性的一面。

3. 反应剧烈

相对于成年人，学生的情感控制能力更弱，内心也更加敏感，对外在压力的处理能力较弱，所以情绪的波动反映在幅度上也更加剧烈，高兴的时候，会特别开心，而情绪低落的时候又异常伤心，常常在两个极端上来回交替。

(四) 华文学生情绪管理的策略

华文学生情绪管理的策略主要从两个方面入手，一是华文学生自身的努力；二是华文教师的帮助。华文学生自身的努力包括在意识上的重视、方法上的学习等。华文教师的帮助主要如下：① 以宽容的心态对待学生的情绪反应，帮助其树立正确的情绪观。②尊重理解学生的情绪，从学生的视角看待问题。③不断学习和反思，帮助学生了解自我，接纳自我。④要能控制和管理自己的情绪。⑤应创设幽默课堂，用幽默开启学生的思维，具体方式如讲笑话、引用典故、在课堂中插入名人趣事等。

扩展阅读 8.1

　　新东方是中国英语培训界的领导者，面对枯燥无味的考试培训，新东方的老师们经常在长达几个小时的课堂中穿插各种笑话和励志故事，通过这种幽默的课堂氛围调动学生的情绪并吸引学生。新东方在英语培训上的成功，正是创设幽默课堂的典范，对华文教学也有较大的启发。

（暨南大学华文学院汉语教师采访，2016）

　　要帮助学生及时化解消极情绪，华文教师应与学生真诚沟通，帮助学生正视和理解自己的情绪；帮助学生选择正确的时间和恰当的方式表达自己的情绪，例如唱歌、打球或者与大家一起开一个心灵交流会；帮助学生直面生活中的挫折，乐观面对生活。

四、华文学生逆商培养教育

（一）逆商的定义与分类

　　逆商（AQ，Adversity Quotient）又叫挫折商或者逆境商，是指人们在面对逆境情况下的反应方式，也就是面对挫折、超越困难以及摆脱困难的能力。保罗·史托兹（1997）将逆商划分为四个部分，即控制感（control）、起因和责任归属（origin & ownership）、影响范围（reach）、持续时间（endurance）。

　　控制感：指人们对周围环境的信念控制能力。面对逆境，控制感弱的人会逆来顺受；控制感强的人会主动改变环境。例如冬天早上很冷，学生都不想起床，不想去学习。控制感弱的人看到大家都没有起来，就会告诉自己：他们都没有起来，天气太冷了，我也起不来，不去上课了吧。控制感强的人就会准时起床，告诉自己即使天气很冷，也要按时起床，甚至把大家都叫起床一起去上课。

　　起因和责任归属：造成我们陷入逆境的起因大致可以分成两类：内因（自身的能力不及、努力程度不够、专注度不够）和外因（条件不成熟、合作伙伴不配合、外界其他不可抗因素）。通常高逆商者，能够清楚地认识到使自己陷入逆境的起因，并且甘愿承担一切责任，能够及时地采取有效行动，克服困难。

　　影响范围：指面对逆境的主体对逆境产生的作用的范围进行控制。高逆境者能够将某一范围内陷入逆境所带来的负面影响仅限于这一范围内，并能够将其负面影响程度降至最低。

持续时间：指逆境所带来的负面影响所持续的时间。逆商高的人往往相信困难只是暂时的，很快就会过去；逆商低的人会认为逆境持续的时间将很长，甚至因此丧失努力改变的希望。

（二）逆商的重要性

心理学家认为，一个人事业成功必须具备较高的智商、较高的情商以及较高的逆商。逆商，对于一个人的事业成功起着决定性的作用。高逆商可以帮助人产生一流的成绩、生产力、创造力，也可以帮助人们保持健康、活力和愉快的心情。高逆商是可以培养的，并且最好是从小培养。目前，很多教育机构都在开展挫折教育培训，可见逆商的培养已经受到了人们的重视。对华文学生来说，逆商的重要性主要表现在以下三方面：

1. 逆商对华文学生汉语学习具有重要作用

汉语是表意文字，汉字的读音和字形是分离的，加之汉字的声调、书写和语法特征，使得汉语对学习者来说充满挑战，尤其是对于初学者来说，更容易遇到学习瓶颈。所以，学生在汉语学习中遇到困难以后，以什么样的姿态来面对困难，往往决定着其汉语学习的好坏。高逆商的汉语学习者，在汉语学习过程中能够积极主动地面对学习汉语的困难，并且能够找到解决问题的方法，对于汉语学习具有很大的帮助。

2. 逆商对华文学生的成长具有重要作用

华文学生在成长与发展过程中，不仅要面对汉语的学习，还需要面对来自生活各个方面的问题。学生能否在面对困难的时候调整自己的心态，找到解决问题的思路和方法，取决于学生逆商的高低。逆商高的学生，总能够正确地面对困难，通过每一次困难的解决而实现自我的成长。

3. 逆商对华文学生的职业发展具有重要作用

在华文学生的一生中，华文学习的阶段可能只占了一小部分，但是在这段时间的学习中，逆商的培养至关重要。当学生走出校园，面对人生职场的时候，高逆商对于他们的职场选择、事业发展和职业规划都具有重要作用。逆商的培养关乎学生一生的发展，应该提早培养。

（三）华文学生常见逆境类型

一般来讲，华文学生常见的逆境分为四类，现分述如下：

第一类是学业逆境，指华文学生在学习过程中遇到的困难和挫折。主要表现为厌学、学习没有目标和动力、学习进度跟不上、觉得课程枯燥；成绩不理想、学习效果不好；考试紧张、考试失利；与同学和专业教师之间缺乏沟通。

第二类是生活逆境，指华文学生在生活中遇到的困境和麻烦。主要表现为对生活环境的不适应，例如缺乏个人自主空间，对学校基础设施不满意；缺乏锻炼，身体状况不佳，无法排解心中的苦闷和压力；对生活没有热情；对未来充满恐惧，感到不自信。

第三类是感情逆境，指华文学生在与人交往过程中遇到的一些障碍和矛盾冲突。主要表现为异性交往恐惧；求偶不顺；感情不和；意见相左；性格冲突等。

第四类是求职逆境，指华文学生在求职过程中遇到的失败和困难。主要表现为求职焦虑，担心找不到好工作；求职迷茫，不清楚自己真正喜欢干什么以及自己能干好什么；求职失败，在求职过程中遭到拒绝。

（四）华文学生逆商培养的策略与方法

华文学生的逆商培养是一个持续的过程，需要华文教师和学生的共同努力。具体的策略如下：

第一，理论学习与实践操作相结合的策略。华文学生的逆商培养需要有理论支撑，教师需要掌握逆商培养的理论与知识，学生也需要了解逆商培养的重要性和操作方法，通过理论学习，提高学生对逆商的认知和元认知水平；同时，在实际学习和生活中进行培养，以实际案例为学习依据，随时进行学习训练。

第二，华文学习与逆境培养相结合的策略。华文学习的过程本身就是逆商培养的过程，学生在华文学习中经常会遇到学习的困惑，教师应该充分利用这个过程中的关键环节和节点来培养学生解决问题的能力。比如在汉字书写方面，学生觉得很困难，采取回避的策略，用拼音来替代汉字做笔记。这时，教师就应该敏感起来，帮助学生认识到这一行为本身的危害，同时增强学生的信心，慢慢引导学生主动克服对汉字的畏难情绪，培养学生学习汉语的自信。

第三，课堂学习与课外拓展相结合的策略。逆商的培养除了在课堂上进行以外，课外的拓展训练也是必不可少的，比如可以通过课外的素质拓展来提高学生的意志力、抗压能力等，以课外素质拓展与课堂学习相结合的方式提升学生的逆商水平。

五、华文学生个性发展教育

个性是一个复杂的概念，就是个别性、个人性，是一个人在思想、性格、品质、意志、情感、态度等方面不同于其他人的特质，这个特质表现于外就是他的言语方式、行为方式和情感方式等。从其结构成分来看，个性包括个性倾向性（需要、动机、兴趣、理想、信念和世界观）、个性心理特征（能力、气质、性格）、心理过程（认识、情感、意志）、心理状态和自我调节系统等五个方面。这五个方面互相联系、互相制约，构成完整的人格。任何人都是有个性的，也只能是一种个性化的存在，个性化是人的存在方式。

学校教育对学生人格性的形成具有重要影响。研究表明，儿童进入学校学习，接受系统的教育，这是人格形成和发展的关键时期。学生在课堂上学习系统的科学文化知识，了解自然界和社会发展变化的规律，对科学世界观的形成具有重要意义。同时，这一过程训练了学生明确目的、持续而有条理地工作的作风，使学生在克服困难的过程中养成坚毅、顽强的品质。此外，学生在课堂上的活动经常会受到各种形式的评价，如老师的评分评语、同学的评价、自己的判断等，这些评价对人格发展起着潜移默化的作用。

从学习内容上看，华文学习是华文学生的主要学习目标；从成长过程来看，学生个性的发展也至关重要。华文学生应该是具有鲜明个性的学生，华文学习的过程也是个性养成和个性发展的重要时期。华文教师应该鼓励学生多元化的个性发展，引导学生培养自己的兴趣和方向，在华文学习中丰富自己的知识，完善自己的人格，培养自己的个性。

第二节　华文学生心理健康教育的原则与策略

一、华文学生心理健康的标准

结合华文学习的特征以及已有的研究成果，归纳总结出华文学生心理健康的标准主要包括以下几个方面：

1. 认知能力正常

正常的认知能力是华文学生学习和生活的必要条件，也是衡量华文学生心理健康的重要标志。检测学生认知能力的方法叫作认知能力测试（cognitive aptitude tests）。认知能力测试是衡量一个人学习及完成一项工作的能力的一种测试。认知能力测试的方法有语文测试和操作测试，语文测试包括常识、理解、数字推理、记忆、跨度、字意等内容；操作测试包括完成图画、实物拼接、形数交替等内容。

2. 正确的自我认识

自我认识是华文学生心理健康的重要指标，主要包括自我角色定位的认识、行为与角色的统一、生活与学习的目标贴合实际、自信的心态与务实的态度等方面。

自我角色定位的认识是指华文学生的第一身份是学生，主要任务是学习，包括学习科学文化知识，培养良好的思想品德、处理问题的思维方式以及与人沟通的方式等。同时华文学生还应该清楚自己的长处与不足、兴趣与特长等，发挥优势，改善不足的地方。

行为与角色的统一指华文学生的行为应该以学生这个角色定位为基础，其行为应该围绕学习者这个中心并与之相符，能够将自己的行为控制在学生应该具备的品质与要求之内。积极、主动地获取知识，发挥自己的主观能动性，培养良好的学习习惯。

生活与学习的目标贴合实际是指华文学生能够根据自己的实际情况，设定能够实现的生活和学习目标，不断实现自己的目标并且感受到学习带来的满足感。

自信的心态与务实的态度是指华文学生应该在清楚的自我认知的基础上，对自己有着客观的评价，能够正确面对困难和挫折，保持自信心态的同时有着谦虚的态度，为人处事谦和、坦率、真诚。

3. 人际关系和谐

人际关系和谐是华文学生心理健康的重要标准，也是正常生活的保障。和谐的人际关系表现在完整的人格、主动的交往心态、积极地沟通、真诚地赞美别人、虚心接受别人的批评等。

扩展阅读 8.2

哈佛大学一项关于"什么使人感到幸福"的研究得出了结论，该研究历时 78 年之久，共有 724 人参与。此项研究于 1938 年启动，调查对象是哈佛大学 268 名大二学生和来自波士顿最贫穷地区的 456 名 16 岁少年，研究人员对他们进行了跟踪调查，几十年来，研究者通过问卷调查、医疗检查和采访的方式对生活中影响参与者的因素进行了记录。哈佛医学院的精神病学教授罗伯特·瓦尔丁格，同时也是该项目的第四任负责人在 TED 演讲中解释道："我们从研究中得出了明确的结论：良好的人际关系能使我们更幸福、更健康。"并提出了三条经验：

其一，社交对人有益，孤独则对人有害。有家庭、朋友和社区联系的人普遍比没有这些联系的人更幸福、更健康长寿。

其二，人际关系的质量比数量更重要。人际关系的可贵之处并不在于朋友数量的多少，或是否关系稳定——与之相比，亲密关系的质量更可贵。

其三，良好的人际关系对人的身心均有益处。事实证明，对于处在人际交往中有可依赖的朋友的人而言，他们拥有敏锐记忆力的时间更长。反过来讲，如果在人际关系中，一方无法信赖另一方，他们的记忆力也会提前衰退。

（节选自 Dr. Robert Waldinger 在 TED 的演讲稿，2016）

4. 心理调适能力良好

心理调适能力是指人类在面对环境压力时，通过各种反应形式，以对个体或群体有利的变化来对付这种压力，使得个体或群体有更好的生存能力。心理调适是使用心理科学的方法对认知、情绪、意志、意向等心理活动进行调整，以保持或恢复正常状态的实践活动。心理调适能力反映在现实生活中，表现为个体的适应能力，包括对生活环境、学习环境、文化环境以及时代变迁的适应能力。华文学生需要面对的主要有学习环境的适应和文化环境的适应，特别是当母语文化与目的语文化发生冲突的时候，如何进行有效的心理调适尤为重要。

二、华文学生心理健康教育的原则与策略

华文学生心理健康教育是一项重大的事业，关乎学生的健康成长，因此在开展华文学生心理健康教育的过程中应该遵循一定的原则，并且使用一定的策略，以保证华文学生心理健康教育的顺利开展与实施。

（一）华文学生心理健康教育的原则

1. 科学性

华文学生的心理健康教育应该以心理学、教育学理论为基础，根据科学的心理学理论并结合学生成长的特点，借助系统的心理学方法来实施和开展。心理健康教育应该科学规范并符合人的发展需要，因此科学性是心理健康教育的前提。

2. 启发性

华文学生心理健康教育不是强制实施的，也不是生搬硬套的，而应该是柔和的、具有启发性的。教师根据华文学生的心理特征以及行为表现，判断出华文学生的心理状况和行为背后的心理原因，从而采用正确的方式和方法对华文学生进行引导，启发华文学生朝着正确的方向发展，体现出心理健康教育的自然性。

3. 全体性

华文学生心理健康教育的对象应该是全体华文学生，以整个华文学生群体作为教育的对象。因此在开展心理健康教育的过程中不能有所偏颇，照顾一部分忽视一部分。不能因为一部分学生成绩好，就只关注这部分学生的心理成长；也不能因为一部分学生调皮就将其定位为有心理问题的学生，对其严加看管，而一部分学生的表现符合老师的要求，就放松了对其心理健康教育的关注。

4. 差异性

每一个华文学生都是一个有差异的个体，都有自己的个性。世界上不存在两片相同的树叶，也不存在两个完全相同的华文学生。因此，在开展华文学生心理健康教育的时候应该区别对待，不同的学生有着不同的国别、不同的社会背景、不同的家庭环境、不同的生活经验，也有着不一样的价值观，心理健康教育应该综合考虑这些特殊的背景因素，做到因材施教。

首先是主体性。华文学生心理健康教育的对象是华文学生，主体也是华文学生。在开展华文学生心理健康教育的过程中，首先应该尊重学生，其次应该以学生为中心，教育的目的是服务于学生，而不是让学生被动地服务于教育目的。例如，有的学校开展心理健康教育，没有调研，没有观察，没有准备，强行对学生进行教育，不仅没有解决学生的实际问题，反而引起学生的反感。

其次是持续性。心理健康教育是一个循序渐进的过程，不是一朝一夕就可以完成的。不同年龄阶段的华文学生面对不同的学习任务、不同的学习环境以及不同的生理

特征，表现出不同的心理问题，所以心理健康教育要根据学生的成长阶段采用相对应的方法，引导学生完善自我。

最后是保密性。心理健康问题是一个敏感的问题，探索华文学生的内心活动和心理世界的发展，涉及华文学生的隐私。所以，在开展心理健康教育的过程中要注重保密工作，华文学生的信息以及自我倾诉都应该受到保护和尊重。

（二）华文学生心理健康教育的策略

1. 华文教育与心理健康教育相结合的策略

华文教育的重点是华文知识和文化知识，而且华文教育的考核也主要是针对华文知识的学习效果进行的，所以在这个过程中容易忽视华文学生的心理健康教育。其实，二者是相辅相成的。学生在华文学习上取得成功，获得成就感会增加学生的自信心；反之，则会带给学生压力，甚至导致学生产生抑郁和苦闷感，造成一系列的心理问题。

华文学生心理健康教育应该以华文学习为主线，同时贯穿于整个华文学习过程中。例如，在学习中华文化的时候，讲到中华传统文化的"礼"文化时，可以开展相应的心理健康教育活动，如"如何礼貌地与人沟通""如何尊重他人""如何包容他人"等；讲到中华传统文化的"孝"文化时可以开展关于"如何与父母或长辈沟通""如何与家人保持良好关系"等心理健康教育活动。

2. 教师引导与学生主导相结合的策略

华文学生心理健康教育的主体是学生，教师是引导者，因此应该充分发挥学生的主导作用。引导学生进行自我认知、自我剖析和自我评价。例如，可以让学生自己组织各种心理健康的辩论赛、华文演讲比赛，组织各种心理健康教育的素质拓展活动，提高学生的参与度，发挥学生的主观能动性。

第三节　华文学生心理健康教育的途径与方法

一、华文学生心理健康教育的途径

华文学生心理健康教育的途径是多元化的，可以根据具体的实际情况采用相关途径，主要有以下四种常规途径：

（1）心理健康课程：这是华文学生心理健康教育的主要形式和途径。主要通过专业的课程开发与课程设置，根据学生的年龄阶段进行系统的教育和学习。

（2）心理咨询服务：这是华文学生心理健康教育的重要途径和手段。主要分为：①个人咨询，即单个的学生根据自己的心理状态去获得专业的咨询与诊断，重在个体人格构建与潜能开发；②群体咨询，以班级或者团体的形式对具有相似心理困扰的群体进行心理咨询，是较经济和有效的方式。

（3）心理调适活动：这是华文学生心理健康教育途径的重要组成部分。主要是通过开展各种类型的活动和对有心理困扰的对象进行有效的心理调适，包括定期的心理拓展活动、家庭心理健康月等形式。

（4）学科渗透支撑：主要是通过不同的学科的渗透，潜移默化地进行心理健康教育。它是其他学科与心理健康教育结合的典范。

二、华文学生心理健康教育的方法

在学校心理健康教育中，应根据心理健康教育目标的要求，综合运用各种方法，形成一个统一的心理健康教育的工作模式。在这方面吴武典[1]提出的基本模式很有参考价值。这一模式考虑到三个维度：问题、方式与策略。即针对受辅学生的问题，提供他所能接受的最适当的方式，予以最适当的处理。

（1）问题：问题的实质是个人的基本需要。个人的基本需要不能得到满足或以偏离常态的方式来满足就是问题。问题按严重程度可分为发展性问题、预防性问题与治疗性问题。

（2）方式：指辅导途径，可以分为三种，即个别辅导、团体辅导、课程设计，后者指在各科教学及各种教育情境中渗透心理健康教育。

（3）策略：即方法。这里将心理健康教育方法作了适当的筛选归并，归纳成六类十二种。具体内容如下：

①关系策略。如关注，辅导老师对受辅学生无条件地接纳、关注与关怀，以便建立良好的辅导关系。又如反馈，辅导老师作为学生的一面镜子，引导学生自我探索与了解。

②认知策略。如阅读治疗，即推荐优秀读物，开辟辅导专栏，组织书报讨论。又如认知改变，即消除学生的非理性观念，恢复其合理思考，进而改变其情感与行为。

③制约策略。如行为练习，即对于缺乏自信与行为勇气的人，可制定行为作业令其练习，并给予督导和鼓励，以促进当事人的"自我肯定"。又如行为改变，即运用行为改变基本策略（强化、惩罚、消退等）消除不适应行为与情绪，养成良好的行为习惯。

④模仿策略。如角色扮演，即借角色扮演体验、学习新角色的经验，增强社会适应力。又如示范作用，即辅导老师保密、公正、热忱、守信，以及表里如一、诚恳待人，对受辅学生都有示范作用。再如同辈辅导，即利用同辈资源，取得青少年中"得

---

① 吴武典. 学校心理辅导原理 ［M］. 广州：广东世界图书出版公司，2003：65–90.

力分子"的合作，提高辅导工作成效。

⑤环境策略。如家庭治疗，即约请家长与子女共同面谈，增进父母与子女的沟通了解。又如改变环境，即设置"中途之家"举办夏令营、周末营，协助有特殊困难的学生离家住校，转、调班，让他们在新环境中获得新体验。

⑥自我控制策略。如自我管理，即调动学生求善、向上的动机，让学生学会自我观察、自我指导、自我监控、自我强化。

第四节　常见的华文学生心理问题及预防

华文学生心理问题主要表现在情绪方面，包括焦虑情绪、抑郁情绪和学习倦怠三个方面。

一、焦虑情绪

（一）焦虑的定义

焦虑是一个心理学的概念，是指在遭受了心理冲突或挫折的情况下，产生的一种复杂的负面情绪反应，通常与忧虑、焦急、失望、不安、恐惧、紧张、羞愧等感受交织在一起。在不同类型的焦虑中有一种叫作外语学习焦虑。[①]

外语学习焦虑有别于一般意义上的焦虑，它是在外语学习过程中产生的一个独特现象。阿伊达（Aida）认为，外语学习焦虑体现在学习者的自我意识和信念上，也体现在学习者的情感和行为上。[②]霍维茨（Horwitz）认为，外语学习焦虑是学习者因语言学习过程中的独特性而产生的一种对与课堂语言学习相关的自我意识、信仰、感情以及行为的明显焦虑情绪。[③]

（二）华文学生焦虑的类型

华文学生的焦虑是指华文学生在学习汉语的过程中，产生的与汉语学习息息相关的心理和行为上的焦虑状态。华文学生的焦虑是由学习及与学习相关的因素引起的。学术界根据不同的标准对焦虑进行了分类。

从性质上，斯皮尔伯格（Spielberger）等人将外语学习焦虑分为性格焦虑（trait anxiety）与状态焦虑（state anxiety）。性格焦虑是指由于学习者的性格原因而产生的

---

① 周慧芳. 二语习得中情感焦虑研究 [J]. 长春理工大学学报，2009，22（4）：645 – 647.

② AIDA YUKIE. Examination of Horwitz, Horwitz and Cope's construct of foreign language anxiety：the case of students of Japanese [J]. The modern language journal, 1994（2）：pp. 155 – 168.

③ HORWITZ E K, YOUNG D J. Language anxiety：from theory and research to classroom implication [M]. Englewood Cliffs, NJ：Prentice Hall, 1991：pp. 57 – 65.

焦虑，它适用于任何情况。状态焦虑指的是学习者在某种具体的、特定的情境中产生的焦虑情绪，它把学习者的性格焦虑和具体的情境统一为一体。

从具体情境上，霍维茨根据具体情境的不同，把外语学习焦虑分为三种：交际恐惧（communication apprehension）、考试恐惧（test anxiety）以及负面评价恐惧（fear of negative evaluation）。交际恐惧指学习者因害怕与人沟通和交流，面对交际而出现的不安情绪；考试恐惧是学习者在考试前由于害怕考试失败而出现恐惧担忧的现象，往往会出现焦虑、紧张、失眠等症状；负面评价恐惧是指学习者担心他人对自己的不良评价会令自己失望，因此试图摆脱评级场合的一种惧怕与忐忑心理。

从产生的作用上，阿尔伯特（Alpert）和哈伯（Haber）把学习焦虑分为两种：促进性焦虑（facilitating anxiety）和妨碍性焦虑（debilitating anxiety）。促进性焦虑能够使学习者产生学习动力，从而更加积极地投入外语学习过程中；妨碍性焦虑则会使学习者逃避学习任务，从情感上阻碍学习者的学习过程。

从学习外语的过程上看，麦金太尔（MacIntyre）和加德纳把外语学习焦虑分为输入焦虑（input anxiety）、处理焦虑（processing anxiety）和输出焦虑（output anxiety）。

华文学生的焦虑大致可以分为以下几类：

第一，学习焦虑。学习焦虑是指由与学习有关的事情产生的焦虑，例如考试紧张引起的焦虑、成绩不理想引起的焦虑、学习动力不足引起的焦虑、学习跟不上进度引起的焦虑等。

第二，情感焦虑。情感焦虑是指华文学生在学习期间的感情受到了挫折，例如表白受挫、恋爱不合等。

第三，交流焦虑。交流焦虑主要是指因为性格等原因引起的交流恐惧和沟通障碍带来的焦虑，例如跟陌生人说话紧张引起的焦虑、公开场合讲话感到害羞引起的焦虑、使用外语进行交际引起的焦虑等。

第四，生活焦虑。生活焦虑的定义比较广泛，主要指生活中的琐事和挫折引起的焦虑。例如，来自家庭的突发事故引起的焦虑、来自成长的琐事引起的焦虑等。

第五，文化身份焦虑。文化身份焦虑是一种集体身份焦虑和情绪，是跨文化中民族文化引起的心理问题。它会造成华文交际中的文化信息缺失、不对称甚至情感的挫伤，跨文化身份的归属感，影响跨文化交际的有效性。华文学生面临的一个问题就是身份归属问题，因为华文学生中很多都是华裔学生，但是到了他们这一辈已经拥有了居住国的国籍和身份，华裔对于他们来说更多的是来自家族观念的影响，在这种多元的文化身份之下，很容易引起华文学生对身份认同的焦虑。

（三）焦虑与学习成绩之间的关系

已有的研究表明，学生的学习成绩与焦虑感之间是负相关关系，但是也有一些特殊的情况。总体来看，一定程度的焦虑对于外语学习具有促进作用，但过度的焦虑则会适得其反，阻碍外语学习。

威特波恩（Witternborn）、拉申（Larsen）和莫基尔（Mogil）① 调查了法语学习者和西班牙语学习者的外语学习焦虑情况。调查结果显示，外语成绩优异的学生，他们在外语学习过程中产生的焦虑，要远远低于成绩稍差的学生所产生的焦虑，这也揭示了外语学习焦虑与学习成绩之间的显著负相关关系。

麦金太尔和加德纳②在法语学习的研究中也发现，法语课堂学习焦虑与法语成绩之间呈现着负相关关系。加德纳和斯迈思（Smythe）③ 等人调查研究了在加拿大学习法语的高中生的课堂焦虑情况，也得出类似的结果：口语水平高的法语学习者，其焦虑程度低；口语水平低的法语学习者，其焦虑程度高。

蔡德馨④在《来华美国大学生汉语学习焦虑的研究》中指出，来华学习汉语的美国大学生在一定程度上都感觉到焦虑，但是极度不焦虑和极度焦虑的学生总数还是较少的，从整体上看，焦虑程度是居中的；汉语水平的自我评价对汉语学习焦虑有着显著的影响，到其他国家学习的经历、性格特征对汉语学习焦虑有着极其显著的影响。大学生的性别、年龄、学习汉语的时间、课堂氛围、教师对学生的关心程度这几个因素对汉语学习焦虑没有显著影响。

（四）如何克服华文学生的焦虑

（1）通过课外活动提升学生的心理素质。教师和家长应该鼓励学生参加各种有益的社会活动，锻炼学生的综合心理素质，提高逆商，从而更好地处理焦虑情绪。

（2）加强心理调适与干预，及时发现问题并解决问题。教师和家长应该主动关注每一个学生和孩子的生活学习状态，及时发现学生出现的心理问题，并进行心理引导和干预，通过心理调适帮助学生走出困境，建立自信心，并找到合理的宣泄情感与排遣焦虑的方法。

（3）把握教学进度和难易程度，培养学生的学习兴趣。在华语学习方面，教师应该科学合理地安排教学进度，把握教学难度，减少学生的学业负担。通过有趣的教学形式和教学方法，帮助学生掌握所学知识、增加学生学习的成就感，逐步培养学生学习华文的兴趣。兴趣是最好的老师，当学生具有了学习华文的兴趣，就会更加积极地面对学习中的各种问题，进而减轻焦虑。汉语自身的特点，使得学习者在刚开始学习的时候会面临比较大的压力，可能在很长一段时间内学生都无法找到学习汉语的快乐，很难拥有成就感，这就需要教师调整学习内容的难度，尽量引导学生早日进入学习汉语的门槛。

---

① 见 Pimsleur, Mosberg Morrison 1962 年的报告书.

② MACLNTYRE P D, GARDNER R C. Anxiety and second language learning：towards a theoretical clarification [J]. Language learning, 1989, 39 (2)：pp. 251 –275.

③ GARDNER R C, SMYTHE P C, BRUNET G R. Intensive second language study：effects on attitudes, motivation and French achievement [J]. Language learning, 1977 (2)：pp. 243 –261.

④ 蔡德馨. 来华美国大学生汉语学习焦虑的研究 [J]. 考试周刊, 2014 (10)：164 –165.

二、抑郁情绪

（一）抑郁的定义

从心理学的角度看，抑郁是无效应对生活压力的后果，以情绪失调为核心，包括沮丧、无价值感、无助与绝望、躯体活动水平下降等一系列身心不适症状，对个体的身心健康具有重要而广泛的影响。联合国世界卫生组织预测，到 2020 年，抑郁将位列全世界引起死亡的疾病因素中的第二位。近年来，青少年受到心理问题的困扰越来越严重，青少年心理健康问题受到的关注也逐渐增多。在发达国家中青少年抑郁是青少年的主要问题之一。同样，在华文学生中，抑郁情绪也应该引起足够的关注。

（二）抑郁症状的表现形式

抑郁情绪有多种表现形式，抑郁情绪严重就会变成抑郁症，抑郁症状的表现大体包括以下几个方面：

（1）心境低落。主要表现为显著而持久的情感低落，抑郁悲观。轻者闷闷不乐、无愉快感、兴趣减退；重者痛不欲生、悲观绝望、度日如年、生不如死；较轻者会出现自我评价降低，产生无用感、无望感、无助感和无价值感，常伴有自责自罪；比较严重的心境低落表现为罪恶妄想和疑病妄想，甚至出现幻觉。

（2）思维迟缓。主要表现为思维联想速度缓慢，反应迟钝，思路闭塞，感觉"脑子好像是生了锈的机器""脑子像涂了一层糨糊一样"。具体表现为主动言语减少，语速明显减慢，声音低沉，对答困难，严重者连交流都无法顺利进行。

（3）意志活动减退。主要表现为意志活动呈显著持久的抑制，具体表现为行为缓慢，生活被动、疏懒，不想做事，不愿和周围人接触、交往，常独坐一旁，或整日卧床，闭门独居，疏远亲友，回避社交。严重时连吃、喝等生理需要和个人卫生都不顾，蓬头垢面、不修边幅，甚至发展为不语、不动、不食，称为"抑郁性木僵"。

（4）认知功能损害。主要表现为记忆力下降、注意力障碍、反应时间延长、警觉性提高、抽象思维能力差、学习困难、语言流畅性差、空间认知能力差、眼手不协调及思维能力减退等。

（5）有躯体症状。主要有睡眠障碍、乏力、食欲减退、体重下降、便秘以及出现身体任何部位的疼痛等。躯体不适的体诉可涉及各脏器，如恶心、呕吐、心慌、胸闷、出汗等。自主神经功能失调的症状也较常见。睡眠障碍主要表现为早醒，一般比平时早醒 2~3 小时，醒后不能再入睡，这对抑郁发作具有特征性意义。有的表现为入睡困难，睡眠不深；少数表现为睡眠过多。

（三）抑郁情绪的影响因素

影响抑郁的因素主要包括个人因素、家庭因素和学校因素，下面对其展开具体的分析：

1. 个人因素

个人因素是抑郁情绪的主要影响因素，包括人格特质、自我认知、归因方式、交往能力、应对方式等。

具体来讲，人格特质包括对自身的赞许、对环境的积极态度、正确的自我观念和内部控制等。情感缺失、依赖性强、追求过高、过分自我评价等是抑郁人格特质的特征。此外，抑郁的人格特质表现为安静、敏感，不善外交，善观察，想象力丰富，但是保守、悲观、焦虑、抑郁。

自我认知包括自我概念、自我期望（学业成就期望、人际关系期望）、自尊、自信、认知等。具体表现为自我认识和评价比较消极，不能很好地接纳自己，不愿意与人交流；对自己的期望过高，以至于无法实现目标而导致灰心丧气；缺乏自尊或者自尊受损，以至于无自信、无价值感；以歪曲、消极的方式解释自己的经历。

归因方式是亚伯拉木森在"抑郁的绝望"理论中提出的，是指个体把消极事件的发生归因为稳定（持续下去）和整体（可能影响生活的各个方面）时，导致绝望而产生抑郁。

交往能力是个体在与外界和他人交往过程中的一种能力。影响抑郁的交往能力表现为对交往的恐惧感，缺乏交往技巧，因而觉得孤独，不能融入团体或不被接纳。

应对方式分为问题解决的方式和情绪处理的方式。表现为处理问题的方式普遍消极、带有逃避性、压抑；处理情绪时采用忍耐、幻想、否认的态度。

2. 家庭因素

影响抑郁情绪的家庭因素主要包括家庭结构、家庭关系、早期童年经历等。具体地讲，通常不完整的家庭结构更容易引起抑郁情绪。家庭关系包括父母关系、父母教育方式、亲子关系、情感支持以及家长对孩子的评价等。而早期童年经历对个体的成长具有重要的影响，而且这种影响是持续一生的。

3. 学校因素

学校因素主要包括三方面的内容：同伴关系（同性关系、异性关系）、师生关系、学校生活事件。具体来讲，不良的同伴关系或不被接纳容易引起学生的孤独、抑郁感，甚至使学生失去价值感和存在感，自尊较低；不良的师生关系也是影响学生抑郁情绪的一个主要方面，严重的表现为对教师产生厌恶感，不愿意和教师交流；学校生活事件主要包括考试不理想或失败、学习负担重、被人误会或错怪、与同学或好友发生纠纷、升学压力、生活习惯变化大、当众丢面子、家庭施压、受到歧视等。

（四）抑郁的心理调适

国外的研究证明，心理干预对儿童抑郁症状的治疗作用非常显著，尤其是短期效果。对华文学生抑郁情绪的干预主要分为预防和调适治疗，其中以预防为主，及时发现问题。

心理教育调适在华文学生的抑郁情绪干预中起着重要作用。心理教育调适是主要的心理调适方式之一，心理教育干预主要包括抑郁的相关知识教育以及正确的教育方式。相关知识教育主要是帮助学生了解抑郁产生的原因、抑郁的影响，帮助学生理解抑郁情绪，从而正视抑郁情绪并主动预防和解决。正确的教育方式是指教师在华文教学过程中首先应该采用避免引起学生抑郁情绪的教学方式，谨慎处理与学生之间的关系，关注学生个体的成长，及时发现问题。当发现学生具有抑郁倾向或抑郁症状的明显表现时，应采用科学合理的方式来引导学生，帮助学生走出困境。

三、学习倦怠

（一）学习倦怠的定义

派恩斯（Pines，1980）和迈耶（Meier，1985）对学习倦怠的定义是：学生因为长期的课业压力和负担而产生精力耗竭，对课业及活动的热情逐渐消失，与同学态度冷漠疏远，以及对学业持负面态度的一种现象。华文学生的学习倦怠是指华文学习者在学习过程中学习兴趣下降，学习成就感低下，导致学习动力不足而产生的一种厌学情绪。

（二）学习倦怠产生的原因

华文学生产生学习倦怠的原因有：学习压力大、成绩不理想而产生畏难情绪；自我效能低下；缺乏理想，因此导致学习动力不足；教师的教育方式存在问题，不能够激发学生的学习兴趣；父母对孩子的教育方法不妥当。

（三）学习倦怠的解决方法

（1）加强心理教育，健全学生人格。学校应加强学生心理健康教育，减少学生不良情绪对学习的负面影响，培养学生积极乐观的精神，提高学生的自我效能感，引导学生形成良好的情绪控制力和坚强的意志力。

（2）优化课堂，激发学生的学习兴趣，提升学习动力。学习倦怠的很大原因是学习的压力以及学习兴趣缺失，因此教师应该重点培养学生的学习兴趣，通过教学技能的提升、教学手段的多元化以及教学形式的改进，帮助学生找到学习汉语的成就感和乐趣。

（3）加强教学管理，完善日常制度。以完善的管理模式约束学生的行为，减少学生面临的诱惑，将学生的心思引导到课堂中。在严格管理迟到、早退、旷课等散漫学习现象的同时，要求学生严格自律，调动学生的学习积极性。

本章内容提要

1. 华文学生心理健康教育是针对华文学习者的心理成长开展的教育，旨在培养华文学习者良好的心理素质，提高华文学生的心理机能，发挥华文学生的心理潜能，进而促进学生个性的全面发展。

2. 情绪管理是指通过研究个体与群体对自身情绪和他人情绪的认识、协调、引导、互动和控制，充分挖掘和培植个体与群体的情绪智商，培养其驾驭情绪的能力，从而确保个体和群体保持良好的情绪状态，并由此产生良好的管理效果。

3. 情绪具有易失控性、两面性、身心交互性、传递性、激发性和阶段性六个特点。

4. 华文学生因为其特殊的文化背景，显现出了不同的情绪特征，表现为不稳定性、社会性和反应剧烈等特点。

5. 华文教师帮助华文学生进行情绪管理的方法有：①以宽容的心态对待学生的情绪反应，帮助其树立正确的情绪观；②尊重理解学生的情绪，从学生的视角看待问题；③不断学习和反思，帮助学生了解自我，接纳自我；④要能控制和管理自己的情绪；⑤应创设幽默课堂，用幽默开启学生的思维，具体方式如讲笑话、引用典故、在课堂中插入名人趣事等。

6. 逆商（AQ，Adversity Quotient）又叫挫折商或者逆境商，是指人们在面对逆境情况下的反应方式，也就是面对挫折、超越困难以及摆脱困难的能力。保罗·史托兹（1997）将逆商划分为四个部分，即控制感、起因和责任归属、影响范围和持续时间。

7. 逆商对华文学生汉语学习具有重要作用；逆商对华文学生的成长具有重要作用；逆商对华文学生的职业发展具有重要作用。

8. 华文学生常见的逆境分为学业逆境、生活逆境、感情逆境和求职逆境四种。

9. 华文学生的逆商培养是一个持续的过程，需要华文教师和学生的共同努力。具体的策略有：理论学习与实践操作相结合的策略；华文学习与逆境培养相结合的策略；课堂学习与课外拓展相结合的策略。

10. 华文学生心理健康的标准包括：认知能力正常；正确的自我认识；人际关系和谐；心理调适能力良好。

11. 华文学生心理健康教育的原则包括：科学性原则、启发性原则、全体性原则、差异性原则。

12. 华文学生心理健康教育的途径是多元化的，可以根据具体的实际情况采用相关途径。主要包括心理健康课程、心理咨询服务、心理调适活动和学科渗透支撑等四种。

13. 华文学生心理问题主要表现在情绪方面，包括焦虑情绪、抑郁情绪和学习倦怠三个方面。

14. 克服华文学生学习焦虑的方法有：通过课外活动提升学生的心理素质；加强心理调适与干预，及时发现问题并解决问题；把握教学进度和难易程度，培养学生的学习兴趣。

15. 学习倦怠是指学生因为长期的课业压力和负担而产生精力耗竭，对课业及活动的热情逐渐消失，与同学态度冷漠疏远，以及对学业持负面态度的一种现象。华文学生的学习倦怠是指华文学习者在学习过程中学习兴趣下降，学习成就感低下，导致学习动力不足而产生的一种厌学情绪。

16. 华文学生产生学习倦怠的原因有：学习压力大、成绩不理想而产生畏难情绪；自我效能低下；缺乏理想，因此导致学习动力不足；教师的教育方式存在问题，不能够激发学生的学习兴趣；父母对孩子的教育方法不妥当。

17. 学习倦怠的主要解决方法有：加强心理教育，健全学生人格；优化课堂，激发学生的学习兴趣，提升学习动力；加强教学管理，完善日常制度。

复习与思考

一、名词解释

1. 华文学生心理健康教育　2. 情绪管理　3. 华文学生的心理健康标准
4. 逆商　5. 学习倦怠

二、问答题

1. 华文学生的情绪特点是什么？华文教师如何帮助华文学生进行情绪管理？

2. 逆商对于华文学生的重要作用体现在哪些方面？采用哪些策略可以有效地培养华文学生的逆商？

3. 华文学生心理健康教育的原则有哪些？华文学生心理健康教育的途径包括哪些？

4. 华文学生学习汉语容易产生焦虑，焦虑产生的原因是什么？如何应对学生的焦虑？

5. 什么是学习倦怠？针对华文学生来讲学习倦怠有哪些表现形式？如何指导华文学生克服学习倦怠？

延伸阅读

[1] 陈家麟. 学校心理健康教育——原理与操作 [M]. 北京：教育科学出版社，2002.

[2] 叶一舵. 现代学校心理健康教育研究 [M]. 北京：开明出版社，2003.

[3] 加涅·R. M. 学习的条件和教学论 [M]. 皮连生，等译. 上海：华东师范大学出版社，2001.

[4] 郭铁成. "生态式发展性"心育模式的理论与实践 [J]. 教学与管理，2004（16）.

[5] 黄美蓉. 对学校心理健康教育服务模式的认识和实践 [J]. 教学与管理，2002（1）.

[6] 梁燕君. 浅谈高校心理健康教育模式的构建 [J]. 教书育人，2006（2）.

参考文献

[1] AIDA YUKIE. Examination of Horwitz, Horwitz and Cope's construct of foreign language anxiety: the case of students of Japanese [J]. The modern language journal, 1994 (2).

[2] DANSEREAU D F. Learning strategy research [M] //SEGAL J W, CHIPMAN S F, GLASER R (eds.) . Thinking and learning skills: relating instruction to research – vol. 1. Hillsdale, NJ: Erlbaum, 1985.

[3] DAVID WATKINS, QI DONG. Assessing the self – esteem of Chinese school children [J]. Educational psychology, 1994, 14 (1).

[4] GARDNER R C, SMYTHE P C, BRUNET G R. Intensive second language study: effects on attitudes, motivation and French achievement [J]. Language learning, 1977.

[5] HORWITZ E K, YOUNG D J. Language anxiety: from theory and research to classroom implication [M]. Englewood Cliffs, NJ: Prentice Hall, 1991.

[6] JANIS I L, FIELD P B. Sex differences and factors related to persuasibility. In HOVLAND C I, JANIS I L (eds.) . Personality and persuasilibity [M]. New Haven, CT: Yale University Press, 1959.

[7] KE CHUANREN. Effects of strategies on the learning of Chinese characters among foreign language students [J]. Journal of the Chinese language teachers association, 1998 (33).

[8] MACLNTYRE P D, GARDNER R C. Anxiety and second language learning: towards a theoretical clarification [J]. Language learning, 1989, 39 (2).

[9] MCKEACHIE W J. Teaching and learning in college classroom: a review of the research literature [J]. Information infrastructures' information & software technology, 1990, 36 (5).

[10] MBOYA M M. Perceived teachers' behaviours and dimensions of adolescent self – concepts [J]. Educational psychology, 1995 (4).

[11] O'MALLEY J, CHAMOT A. Learning strategies in second language acquisition [M]. Cambridge: Cambridge University Press, 1990.

[12] PAIVIO A. Coding distinctions and repetition effects in memory [A]. Orlando,

FL：Academic，1975.

［13］OXFORD R，CROOKALL D. Research on language learning strategies：methods，findings，and instructional issues［J］. The modern language journal，1989（4）.

［14］STERNBERG R J. Criteria for intellectual skills training［J］. Educational research，1983，12（2）.

［15］WEINSTEIN C E，MAYER R E. The teaching of learning strategies［M］// WITTROCK M C（ed.）. Handbook of research on teaching. 3rd ed. New York：Macmillan，1985.

［16］蔡德馨. 来华美国大学生汉语学习焦虑的研究［J］. 考试周刊，2014（10）.

［17］蔡岳建，谭小宏，阮昆良，等. 教师人格研究：回顾与展望［J］. 西南大学学报，2006（6）

［18］陈晓宁. 汉语初级听力教学中词汇的复习与巩固［J］. 语言文字应用，2005（A1）.

［19］丁安琪. 留学生来华前汉语学习动机强度分析［J］. 华文教学与研究，2014（3）.

［20］房立敏. 语言学习策略及制约学习策略的学习者因素［J］. 河北民族师范学院学报，2004（4）.

［21］干红梅. 浅析汉语作为第二语言习得中的泛化性偏误［J］. 云南师范大学学报，2005（1）.

［22］郭铁成. "生态式发展性"心育模式的理论与实践［J］. 教学与管理，2004（16）.

［23］黄美蓉. 对学校心理健康教育服务模式的认识和实践［J］. 教学与管理，2002（1）.

［24］贾益民. 华文教育学学科建设刍议——再论华文教育学是一门科学［J］. 暨南学报，1998（4）.

［25］江新，赵果. 初级阶段外国留学生汉字学习策略的调查研究［J］. 语言教学与研究，2001（4）.

［26］金海云. 外语学习动机理论的发展和演变［J］. 外语学刊，2013（6）.

［27］李海鸥. 对外汉语课堂教学的路径设置与实施——基于初级汉语读写课教学案例的分析［J］. 华文教学与研究，2009（2）.

［28］梁燕君. 浅谈高校心理健康教育模式的构建［J］. 教书育人，2006（2）.

［29］刘娟. 慕课（MOOC）背景下的国际汉语教学和推广［J］. 学术论坛，2015（3）.

［30］刘颂浩. 阅读课上的词汇训练［J］. 世界汉语教学，1999（4）.

［31］柳燕梅，江新. 欧美学生汉字学习方法的实验研究——回忆默写法与重复

抄写法的比较［J］. 世界汉语教学，2003（1）.

［32］莫雷. 论人的学习基本类型与机制［J］. 教育研究与实验，1999（1）.

［33］隋光远. 中学生学业成就动机归因训练研究［J］. 心理科学，1991（4）.

［34］唐燕儿. 东南亚华文教育发展的背景条件［J］. 比较教育研究，2000（A1）.

［35］汪玲，郭德俊. 元认知的本质与要素［J］. 心理学报，2000，32（4）.

［36］翟颖华. 试论义素分析法在对外汉语词汇教学中的应用［J］. 长江学术，2007（4）.

［37］张幼冬. 趋向补语"过来""过去"引申义的语义分析［J］. 吉林师范大学学报（人文社会科学版），2010（4）.

［38］张志刚. 构建教师人格魅力 打造学生心灵底蕴［J］. 东方青年·教师，2011（3）.

［39］郑燕燕. 中小学教师职业心理状态探析［J］. 临床心身疾病杂志，2005（4）.

［40］周慧芳. 二语习得中情感焦虑研究［J］. 长春理工大学学报，2009，22（4）.

［41］陈家麟. 学校心理健康教育——原理与操作［M］. 北京：教育科学出版社，2002.

［42］陈永胜. 小学生心理卫生［M］. 济南：山东教育出版社，1994.

［43］何先友. 青少年发展与教育心理学［M］. 北京：高等教育出版社，2009.

［44］郝滨. 催眠与心理压力释放［M］. 合肥：安徽人民出版社，2009.

［45］J. 布罗菲. 激发学习动机［M］. 陆怡如，译. 上海：华东师范大学出版社，2005.

［46］李晓琪. 博雅汉语初级起步篇1［M］. 北京：北京大学出版社，2005.

［47］连榕，等. 华文教育心理学：第1版［M］. 北京：教育科学出版社，2010.

［48］刘儒德. 教育中的心理效应：第2版［M］. 上海：华东师范大学出版社，2013.

［49］刘珣. 对外汉语教育学引论：第1版［M］. 北京：北京语言文化大学出版社，2000.

［50］莫雷. 教育心理学：第1版［M］. 北京：教育科学出版社，2007.

［51］彭小川，等. 对外汉语教学语法释疑201例［M］. 北京：商务印书馆，2004.

［52］钱玉莲. 韩国学生汉语学习策略研究［M］. 北京：世界图书出版公司，2007.

［53］加涅·R. M. 学习的条件和教学论［M］. 皮连生，等译. 上海：华东师范大学出版社，2001.

［54］邵敬敏. 现代汉语通论：第2版［M］. 上海：上海教育出版社，2007.

［55］孙红. 职业倦怠［M］. 北京：人民卫生出版社，2009.

[56] 王俊毅．成功之路　跨越篇　Ⅰ［M］．北京：北京语言大学出版社，2008．

[57] 王荣德．现代教师人格塑造［M］．天津：天津教育出版社，2004．

[58] 文秋芳．英语学习策略论——献给立志学好英语的朋友［M］．上海：上海外语教育出版社，1996．

[59] 吴武典．学校心理辅导原理［M］．广州：广东世界图书出版公司，2003．

[60] 徐光兴．临床心理学：心理健康与援助的学问［M］．上海：上海教育出版社，2001．

[61] 叶一舵．现代学校心理健康教育研究［M］．北京：开明出版社，2003．

[62] 张和生．汉语可以这样教——语言要素篇［M］．北京：商务印书馆，2006．

[63] 周健．汉语课堂教学技巧325例［M］．北京：商务印书馆，2009．

[64] 周小兵．对外汉语教学入门：第2版［M］．广州：中山大学出版社，2009．

[65] 周晓康．晓康歌谣学汉语：第1集［M］．北京：北京大学出版社，2009．

[66] 周晓康．晓康歌谣学汉语：第2集［M］．北京：北京大学出版社，2010．

[67] 朱勇．国际汉语教学案例争鸣［M］．北京：高等教育出版社，2015．

[68] 祖晓梅．跨文化交际［M］．北京：外语教学与研究出版社，2015．

[69] 陈小芬．留学生汉语学习策略研究［D］．厦门：厦门大学，2008．

[70] 史静儿．试论对比分析法对语际迁移的预测能力——以泰国学习者的汉语双音节声调协同发音为例［C］//北京大学对外汉语教育学院．第五届北京地区对外汉语教学研究生学术论坛论文集．北京：北京大学对外汉语教育学院，2012．

[71] 谷陵．美国名校在华汉语强化教学模式研究［D］．北京：中央民族大学，2013．

[72] 郭晗．现代儿童认知发展与创造性思维能力培养［D］．桂林：广西师范大学，2004．

[73] 郭胜．小学课堂奖励的负效应及规避策略研究［D］．济南：山东师范大学，2014．

[74] 金晶．论针对来华短期汉语培训班的整体语言教学［D］．杭州：浙江大学，2011．

[75] 刘琛．从认知心理学的角度看对外汉语词汇教学［D］．上海：华东师范大学，2004．

[76] 马红艳．初中语文课堂环境建设研究［D］．上海：华东师范大学，2013．

[77] 宋一鸣．对外汉语教学近义词辨析策略研究——兼论反义词的词汇教学功能［D］．昆明：云南大学，2010．

[78] 魏梦媛．浅谈对外汉语语音教学［D］．郑州：郑州大学，2014．

[79] 吴勇毅．不同环境下的外国人汉语学习策略研究［D］．上海：上海师范大学，2007.

[80] 夏芳丽．当代青少年榜样教育有效性新探［D］．上海：华东师范大学，2012.

[81] 徐娜．基于功能法的中级汉语写作课教学设计［D］．济南：山东师范大学，2014.

[82] 薛丹．基于艾宾浩斯记忆遗忘规律的初级对外汉语词汇教学设计［D］．沈阳：辽宁大学，2012.

[83] 闫婧．"结果法"与"过程法"［D］．广州：暨南大学，2007.

[84] 杨朦萌．不同语言环境下初级阶段学生汉字学习策略研究［D］．上海：华东师范大学，2014.

[85] 姚金玲．探析泰国学生汉语写作中的母语迁移现象［D］．南宁：广西民族大学，2008.

[86] 张洁．对外汉语教师的知识结构与能力结构研究［D］．北京：北京语言大学，2007.

[87] 张捷楠．日语汉字词对日本学生学习汉语正负迁移及其策略研究［D］．长春：吉林大学，2012.

[88] 朱治平．肢体语言在初级汉语课堂词汇教学中的应用［D］．南宁：广西大学，2015.

图书在版编目（CIP）数据

华文教育心理学/张金桥主编 . —广州：暨南大学出版社，2017.8
（海外华文教育系列教材/贾益民总主编）
ISBN 978 - 7 - 5668 - 2158 - 4

Ⅰ. ①华… Ⅱ. ①张… Ⅲ. ①华文教育—教育心理学—教材 Ⅳ. ①G44

中国版本图书馆 CIP 数据核字（2017）第 168153 号

华文教育心理学

HUAWEN JIAOYU XINLIXUE

主编：张金桥

出 版 人：徐义雄
策划编辑：杜小陆　刘　晶
责任编辑：黄少君
责任校对：黄佳娜
责任印制：汤慧君　周一丹

出版发行：暨南大学出版社（510630）
电　　话：总编室（8620）85221601
　　　　　营销部（8620）85225284　85228291　85228292（邮购）
传　　真：（8620）85221583（办公室）　85223774（营销部）
网　　址：http：//www. jnupress. com　http：//press. jnu. edu. cn
排　　版：广州良弓广告有限公司
印　　刷：佛山市浩文彩色印刷有限公司
开　　本：787mm×960mm　1/16
印　　张：11. 25
字　　数：245 千
版　　次：2017 年 8 月第 1 版
印　　次：2017 年 8 月第 1 次
定　　价：39. 80 元

（暨大版图书如有印装质量问题，请与出版社总编室联系调换）